JN023833

セはセキュリティのセ

情報セキュリティ入門

S is for Security

［第3版］

桑田喜隆・石坂 徹 ［共著］
中野光義 ［監修］

学術図書出版社

第 3 版の改訂あたって

第 3 版の改訂では，参照している情報を最新のものに更新したことに加え，最新セキュリティ及びパソコン事情に合わせて，次の点を追加しました．

- Windows 11 を対象として記述にしました．（主に 1 章）
- セキュリティインシデント発生時の対応方法を追加しました．（1.7 節）
- サプライチェーン攻撃についての記述を追加しました．（3.5 節）
- 仮想プライベートネットワーク (VPN) についての記述を追加しました．（4.6 節）

2024 年 1 月

桑田 喜隆

まえがき

　本書は情報セキュリティの入門書です．日常生活や仕事で情報機器を使いこなす人に向けて，理解の必要な項目を取り上げ，できるだけ平易な文書で説明しています．特に，これから学業や仕事にパソコンなどの情報機器を利用しインターネットを使う人に読んでもらうことを想定しています．

　さて，現代は情報社会であるといわれています．情報技術を活用し，生活を便利にかつ豊かにすることができます．総務省でまとめている令和元年版の情報通信白書の「属性別インターネット利用率」によると，13歳から59歳までのインターネット利用率は90％を超えています．もちろん60歳以上の世代でも利用率は増加の傾向にあります．また，同資料の「情報通信機器の世帯保有率の推移」によると，モバイル端末の世帯保有率も90％を超えており，特に2010年ごろからスマホの普及が進んでいます．筆者らが大学一年生を対象に調査したところ，スマホの普及率は99％以上でした．このように，現代社会ではスマホを使い情報インフラとしてインターネットが活用されていることがわかります．

　一方，情報技術分野は他の分野に比べ進歩が速いといわれています．たとえば，スマホの先駆けとなったiPhoneがApple社により米国で発売されたのは2007年でした．音楽プレイヤーに携帯電話機能をつけタッチパネルで操作できるようにしたデバイスですが，インターネットを利用したパーソナルなコミュニケーション手段として受け入れられました．国内向けには2008年にソフトバンクにより発売されました．その後，類似のAndroid端末などが発売され，スマホとしての分野を確立し，発売から10年ほどの間に全世界に普及するまでになりました．

　情報技術の進歩の速さを実感できる例として，たとえば10年ほど前のドラマの再放送を見ると，携帯電話(フィーチャーフォン)を使っていて違和感を持つ人も多いと思います．さらに古い30年ほど前のドラマだと，携帯電話を持ち歩くことも一般的ではなく，待ち合わせの伝言には駅に設置された掲示板が活用さ

れていました．今日ではスマホで待ち合わせ相手に，「少しだけ遅れそうです」
とメッセージを送ることができますが，当時は待ちぼうけでした．

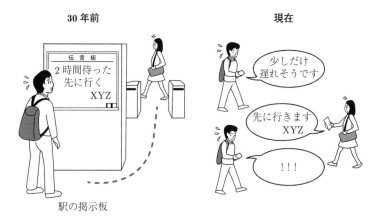

駅の掲示板

　このように今後 10 年ないし 20 年後にもまったく新しい技術やデバイスが登
場し，人と人とのコミュニケーション手段が変化すると考えられます．私たち
の生活スタイルも変化することが予想されます．

　さて，本書のテーマである情報セキュリティに関しても，変化が起こっていき
ます．情報技術の進歩を反映し，考え方や常識が変化してきています．最新情
報を集めて情報セキュリティの脅威について理解しておくことが必要になりま
す．また，情報セキュリティを確保するためには，手間や時間がかかります．完
璧な情報セキュリティを実現することは現実的には難しいことが多いため，情
報システムを活用していくには，情報の重要性と利便性とのバランス感が求め
られます．

　本書で基礎的な考え方を中心に説明しています．本書で説明した内容を理解
した後は，情報セキュリティに関する情報を定期的に収集し，自分で判断をし
ていくことをお勧めします．

　2023 年 2 月

桑田 喜隆

目　　次

「1」 日常のセキュリティ

　私たちは日常生活の中でスマホやパソコンなどの情報機器を利用しています. また, メールや音楽配信などインターネット経由で提供されているサービスを利用しています. 普段なにげなく利用していますが, これらは常に情報セキュリティの脅威に晒されています. 本章では日常生活の安心・安全を守るために知っておいて, 実践する必要のあるセキュリティ項目を説明します.

1.1　アカウント管理とパスワード

1.1.1　アカウントとは

　情報機器や情報サービスを利用する場合に, 個別の利用者を一意に識別するため「アカウント」とよばれる識別子が利用されます. 識別子であるため, 「ID」とよばれることもあります. アカウントにはアルファベットや記号をつける場合や, サービスによっては既存メールアドレスを使用する場合もあります. 最新の OS アカウントでは, 日本語をはじめとした英語以外の識別子を利用できる場合もあります.

　アカウントに対応して, 正当な利用者であることを確認するために「パスワード」が利用されます. 単なる単語ではないという意味で, 「パスフレーズ」というよび方をする場合もありますが同じ意味です. 自分しか知らないパスワードを入力することで本人の確認を行うことを「パスワード認証」とよびます.

　アカウント, パスワードを入力してシステムに認証を受ける行為は一般的に「ログイン」「ログオン」「サインイン」などとよばれます. また認証された状態を本書では「ログイン状態」とよぶことにします. ログイン状態を解除する行為は, 「ログアウト」とよばれ, ボタンを押すなどの操作が必要になります (図1.1). セキュリティを保つため, 一定時間使用していない場合に自動的にロ

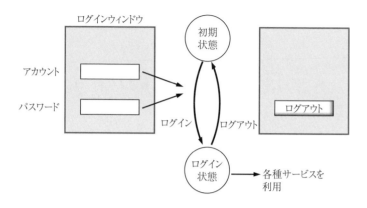

図 1.1 ログインの概念

グアウトを行うようにする場合もあります.

　ログイン状態でのみ情報機器を利用したり, 各種の情報サービスを利用することができます. ログイン状態では他の人に利用されないように注意が必要です. またアカウントが他人に使われないように配慮が必要になります.

1.1.2 強いパスワードのつけ方

　安易なパスワードを使用すると, パスワードを流出させなくてもパスワードを破られるおそれがあります. パスワードを設定する場合には, 次の注意事項を守ります.

- **できるだけ長いパスワードをつける**

  長いパスワードほど組み合わせの数が増加し, 破られにくくなります. 可能なら8文字以上のパスワードを設定します.

- **英大小文字, 数字, 記号など複数の文字種を使う**

  アルファベットだけでなくパスワードの中に英大小文字や数字や記号を含めることで, 組み合わせの数が増加し同じ桁数でも破られにくくなります[1].

- **生年月日, 住所, 愛称など推測されやすい単語を使わない**

  これらは一般公開されている情報ではありませんが, 名前などの個人情

---

[1] 簡単過ぎるパスワードはブルートフォース攻撃 (コラム 4.4 参照) によって簡単に破られてしまいます.

報と一緒に流出する可能性があります.

● **辞書に載っている単語やその組み合わせを使わない**

辞書に載っている単語から試す「辞書攻撃」という手法で, 比較的容易に解析されてしまいます.

● **よくあるパスワードを使わない**

よくあるパスワードはリスト化されており, ネットワークなどに公開されています. たとえば, "PASSWORD", "12345678", "QWERTY" など真っ先に試すリストに含まれていますので, 簡単に破られます.

● **複数の情報サービスでパスワードを使い回さない**

複数の情報サービスで同じパスワードを使い回すと, 一か所の情報サービスで情報が流出した場合に, 他の情報サービスでも同じパスワードでログインされてしまいます[2].

図 1.2 弱いパスワードでは守りきれない

---

[2] コラム 1.1 を参照のこと.

┌─ コラム 1.1　　パスワードの管理 ──────────────────────┐

簡単なパスワード

　SNS やゲームなどでは数字や文字列のみのパスワードが使用されていることがありますが，それらはパスワードとして相応しいものではありません．

パスワードの使い回しに注意！

　同じパスワードを機密情報，プライベート情報，インターネットバンキングやキャッシュレスや仮想通貨といった情報資産の管理に利用すると，それらも同時に流出のリスクに晒されることになります．

　たとえば「家の鍵を誰でも知り得るところに置いてよいのか？」と同などのレベルで考えておく必要があります．

パスワードの定期的な変更は必要？

　パスワードは定期的に変更することがよいこととされています．これは，パスワードを解析する時間を与えないうちに変更してしまうことで，破られることを防ぐという発想です．しかし，現実的には，利用者が忘れないように 1 文字だけ違うパスワードに更新したりする場合が多く，これではセキュリティは向上しません．最近の研究では複雑なパスワードを比較的長く利用したほうがよりセキュリティが高いという結果も発表されています．簡単なパスワードをつけて頻繁に変更するなら，強力なパスワードをつけるほうが効果が大きいという考え方です．

　さまざまなサービスを利用している現代社会では，自分は漏えいしていなくともサービス提供者側から不意に情報漏えいがあったときに備えるためにも定期的に変更することをお勧めします．

└──┘

▍最も危険なパスワードトップ 25 ▍

　米国のセキュリティ会社 SplashData によって 2019 年 12 月に発表[3]された，最も危険なパスワード 25 は次のとおりです．

表 1.1　最も危険なパスワード 25

123456	123456789	qwerty	password	1234567
12345678	12345	iloveyou	111111	123123
abc123	qwerty123	1q2w3e4r	admin	qwertyuiop
654321	555555	lovely	7777777	welcome
888888	princess	dragon	password1	123qwe

---

[3] https://www.prweb.com/releases/what-do-password-and-president-trump-have-in-common-both-lost-ranking-on-splashdata-s-annual-worst-passwords-list-878453694.html

> **コラム 1.2　パスワード管理ソフトは便利？**
>
> 　複雑で長いパスワードを自分で考えて，それを正確に記録しておくことは手間がかかります．これを代替してくれるソフトウェアやサービスを利用することもお勧めします．
>
> 　たとえば，「Firefox パスワードマネージャー」[4]は WEB ブラウザの Firefox 内でパスワードを管理する仕組みです．パスワードを保存し自動的にログインしたり保存済みのパスワードを探すことができます．自動的にパスワードを生成する機能と組み合わせて利用すると便利で安全です．
>
> 　また，よく使われているパスワードマネージャーとしては，1password.com[5]やオープンソースの bitwarden[6]があります．
>
> 　ただし，大切なパスワードを預けて管理してもらうため，サービスやソフトウェアを提供している会社や組織が技術的かつ社会的に信用できるかを熟考の上で導入を決める必要があります．情報管理ポリシーなどを公表している会社のほうが透明性は高いと思いますが，情報分野は変化が激しいため定期的な確認と見直しをお勧めします．

1.1.3　多要素認証の利用

　昨今のコンピュータ能力の向上からパスワードの脆弱性が問題となっているため，ログイン時などの認証強化方法として多要素認証や多段階認証方式が推奨されています．

　多要素認証の要素としては，(1) 知識情報，(2) 所持情報，(3) 生体情報があり (表 1.2)，(1)〜(3) を 2 つ以上組み合わせると多要素認証とよびます．

1.2　パソコンのセキュリティ

本節では，パソコンを安全に利用するための注意点について述べます．

1.2.1　パスワードの設定とスクリーンロック

■ログインパスワードの設定■　パソコンにも，アカウントを設定し管理する機能が提供されています．個人で利用するパソコンでも，必ずログインパスワー

---

[4] https://support.mozilla.org/ja/kb/password-manager-remember-delete-edit-logins
[5] https://1password.com/jp/
[6] https://bitwarden.com/

表 1.2　認証要素と例

種類	認証手段	例
(1) 知識情報	知識による認証	IDとパスワード PIN番号 秘密の質問 マトリクス認証
(2) 所持情報	持ち物による認証	ICカード USBトークン ワンタイムパスワード生成デバイス
(3) 生態情報	身体的特徴による認証	指紋 静脈 顔 虹彩

ドを設定し自動ログインする設定にしないようにします．図 1.3 は Windows 11
のログイン画面の例です．

図 1.3　Windows 11 のログイン画面

　自動的にログインする設定にしておくと，誰でもパソコン内のデータにアク
セスすることができてしまいます．

図 1.4 に Windows 11 の認証設定 (サインインオプション) 画面を示します.
基本的には「パスワード」を設定します. 生体認証にも対応しており, パソコン
に対応したカメラや指紋認証装置が付属していれば利用することを推奨します.

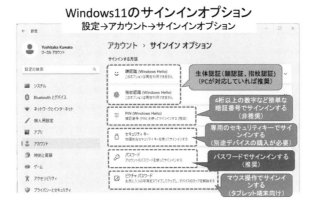

図 1.4 Windows 11 の認証設定

コラム 1.3 Windows Hello による顔画像認証

Windows 11 には Windows Hello とよばれる顔画像認証機能が付属しています.
対応するカメラを取り付けると, 機能を利用することができます.

図 1.5 Windows Hello 対応カメラの例

サインインオプションで「Windows Hello 顔認証」を「オン」にします.

図 1.6　Windows Hello での顔画像認証の設定例

顔画像の登録時にはカメラに向かって終了するまで待ちます.

図 1.7　Windows Hello での顔画像の登録例

顔画像認証ができない場合には, パスワードを入力することでログインできます.

図 1.8　Windows Hello 時のログインオプション

▌スクリーンロック▐

スクリーンロックはしばらく操作しないと，パソコン画面をロックする機能です．ロックを解除するためには，設定したパスワードの入力が必要になります．パソコンを離れている間に作業内容を見られたり，勝手に操作されることを防ぐことができます．場合によっては，不在時に USB メモリでデータを持ち去られても気づかないという事態も発生します．

図 1.9 に Windows 11 のスクリーンロックの設定方法を示します．

図 1.9 Windows 11 のスクリーンロック設定

画面をロックするまでの時間は 5 分程度が推奨されます．使用していて短か過ぎると感じる場合には，10 分程度に設定してもよいでしょう．

1.2.2 ソフトウェア・アップデート

▍更新の必要性▍

ソフトウェアのアップデートがあった場合には，なるべく早く導入するようにしてください．アップデートによって，ソフトウェアの脆弱性 (コラム 1.4 参照) が修正され，より安全に利用できるようになります．

▍自動更新▍

最近の OS ではソフトウェアの自動更新機能が有効になっており，夜間などパソコンを使用していない時間帯に自動更新されます．特別な理由がない限りこの機能の利用を推奨します．Windows OS では毎月決まった日に Microsoft 社からソフトウェア・アップデートが配信されます．

▍アプリケーションの更新▍

OS だけでなく，アプリケーションソフトに関しても，ソフトウェアがアップデートされます．特に WEB ブラウザやオフィスソフトなどは脆弱性が発見されるとアップデートされます．

図 1.10 に Windows 11 の Windows Update 画面の例を示します．

図 1.10 Windows 11 の Windows Update 画面の例

コラム 1.4　ソフトウェアの脆弱性

　ソフトウェアは人間が作成するため，不具合 (バグ) が含まれる場合があります．特に規模の大きなソフトウェアはしばしば不具合が発見されます．また，不具合を利用すると，ソフトウェアの作成者の意図に反した操作を行うことが可能になります．このようにセキュリティ上問題となる不具合はセキュリティホールとよばれます．また，ソフトウェアの弱点は脆弱性とよばれます．セキュリティホールは世界中でセキュリティの専門家によって日夜研究されています．

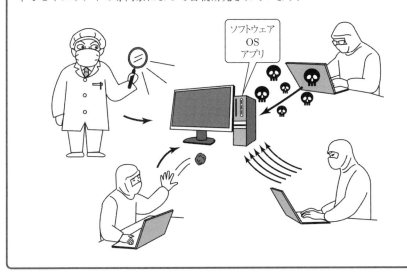

1.2.3　ウイルス対策ソフト

ウイルス対策ソフトの導入

　必ず，市販のウイルス対策ソフトをパソコンに導入します．

　Windows 11 など最新の OS には Windows Defender というソフトが標準で付属しています．しかし，Windows Defender に比べて市販のウイルス対策ソフトのほうが更新頻度及びウイルスの検知性能が高いため，より安心です．

　市販のウイルス対策ソフトはどれも同じではありません．ウイルスの検知性能やサポート体制や更新頻度，使用時のパソコンへの負荷などが異なりますので，評判の高いソフトを選択します．

　図 1.11 にウイルス対策ソフトの画面例を示します．

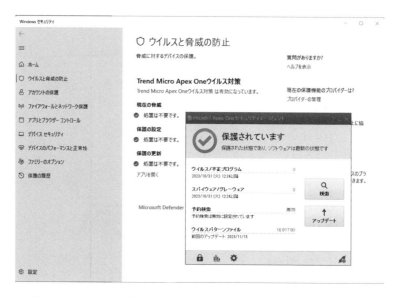

図 1.11　ウイルス対策ソフト (Trend Micro 社 Apex One) の画面例

　パソコンを購入する際にウイルス対策ソフトが付属している場合があります.
多くの場合,3 か月など期間を限定して試用できるようにしたソフトウェアに
なっています. 試用期間を過ぎる前に,代替するソフトを導入します.
　市販パッケージの多くは,使用できる期間 (たとえば 1 年) が決まっています.
期間が終わる前にライセンスの更新が必要になります. 毎年更新で一定費用の
かかる方式 (サブスクリプション方式) をとっているソフトウェアもあります.
ライセンス期間を過ぎると機能が限定されたり,まったく機能しなくなること
がありますので,期間に余裕を持って更新することが大切です.

▌ウイルスデータベースの更新▐

　図 1.12 にウイルス対策ソフトの仕組みを示します. ウイルス対策ソフトは,
ウイルスの特徴のデータベースを利用してウイルスの検知を行います. ウイル
スのパターンファイルとよばれることもあります. ウイルス対策ソフトを作成
しているメーカでは日夜ウイルスのパターンを作成し,日々データベースに登録
し続けています. パソコンに導入したウイルス対策ソフトが最新の情報を使っ
てウイルス検知を行うためには,データベースの更新が必要になります. 多く

図1.12 ウイルス対策ソフトの仕組み

のソフトではデータベースを自動的に更新する機能が有効になっていますので，そのまま利用します．

　図1.13にウイルス対策ソフトのアップデート画面例を示します．

▌ウイルスの定期スキャン▐

　ウイルス対策ソフトは，ファイルが更新されるタイミングで，ウイルスが混入していないか検査を実施します．たとえば，メールで添付ファイルが付いていた場合には，パソコンに保存する段階でウイルスの検査を行います．しかし，ウイルスのデータ更新がファイル更新後になる場合もあり，ウイルスを見逃すおそれがあります．このため，最新のデータベースを使い，パソコンの全ファイルを調べる機能があります．この機能は「フルスキャン」などとよばれます．

　図1.14にウイルス対策ソフトの手動スキャンの実施例を示します．

　パソコンを使用しない夜間などにスケジュールを指定し実行することをお勧めします．毎日実行することが望ましいですが，処理に時間がかかるため，最低週に一度程度の実行をお勧めします．

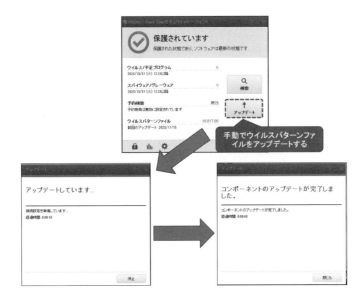

図 1.13 ウイルス対策ソフト (Trend Micro 社 Apex One) のアップデート画面例

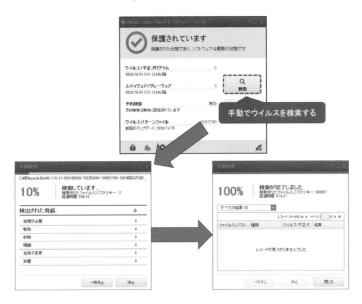

図 1.14 ウイルス対策ソフト (Trend Micro 社 Apen One) の手動スキャン例

1.2.4　最新のソフトウェアを使用する

　ソフトウェアには「旬」があります．新しいソフトウェアが出ると，メーカではそれまで提供していたソフトウェアの更新をしなくなる場合があります．メーカでソフトウェアの不具合や脆弱性を修正している (サポートがある) 最新のソフトウェアを使用します．

　メーカによって，ソフトをいつまでサポートするかを明確に表明しています．また次のバージョンのソフトが出た時点で古いソフトの更新はしないというポリシーのソフトウェアもあります．メーカによってポリシーが異なりますので，利用するソフトウェアのサポートポリシーなどの確認が必要です．

　メーカの更新の終わった古いソフトウェアを利用し続けると，ソフトウェアのアップデートがされず，脆弱性が修正されません．そのまま使い続けると，ウイルス感染などのリスクがあります．

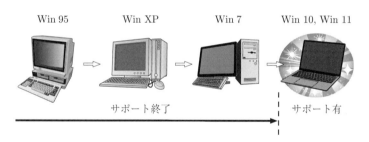

図 **1.15**　最新のソフトウェアを使用する

コラム 1.5　どうしても古い OS やソフトウェアを使いたい場合には…

　パソコンのソフトウェアはネットワークからソフトウェアアップデート機能を利用して入れ替えることが比較的容易です．しかし装置の一部として組み込まれている OS やソフトウェアはアップデートすることが難しいことがあります．またすでにメーカのサポートが終わっているため，買い替えまでの間，しばらく使いたい場合もあると思います．

　このような場合には，有線・無線を含めてネットワーク接続なしで利用することで，ネットワークを経由したウイルスの侵入を防ぐことが可能です．ただし，これはあくまでも，一時的な対応策と考えるべきです．装置などの場合には更新を計画することが必要です．また，ネットワークを遮断して使用する場合，外部との情報のやりとりには，USB メモリなどを経由する必要があります．USB メモリ経由で

ウイルスに感染する可能性もありますので，当該装置で利用する前に，USB メモリのウイルススキャンを実施しておくことは必須です．また，USB メモリでウイルス対策ソフトをスタンドアロン PC に導入し，定期的または利用時にアップデートすることが推奨されます．

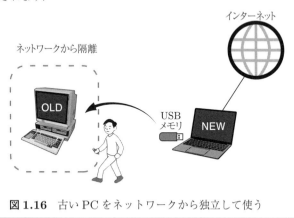

図 1.16　古い PC をネットワークから独立して使う

1.2.5　ソフトウェア導入にあたっての注意事項

▌出所の不明なソフトウェアを導入しない▌

　インターネットからダウンロードしてソフトを導入する場合，信頼できるサイトからダウンロードすることをお勧めします．利用者の評価情報が提供されていれば，評価を確認の上でソフトウェアの導入可否の判断をします．

　ソフトウェア導入時にウイルス対策ソフトでウイルスを検知するような場合には，導入を見合わせてください．この場合には，一度ウイルス対策ソフトで，全ファイルをスキャンしてみることをお勧めします．

　逆に，ウイルス対策ソフトでウイルスが検出されなかったからといって，安全であると断言することはできません．ウイルス対策ソフトの検出率は 100 ％ではないためです．

▌マルウェア (悪意を持ったソフトウェア)▌

　インターネットで出回っているソフトウェアの中には，悪意を持って作成されているソフトウェアがあります．また，表向きは有益なソフトウェアをうたっていますが，裏では情報を抜き取って送信する機能や，ファイルやディスクの

破壊を行うような機能を持ったものもあります (このようなソフトウェアは「トロイの木馬」とよばれます).

▓違法に改造されたソフトウェア▓

　商用ソフトを違法に改造しライセンス認証などを回避し無料で利用可能な状態にしたソフトがインターネットのアンダーグラウンドサイトで出回っています. 違法改造されたソフトウェアを使うと, 次のような問題点があります.

- **ライセンス違反**

　このようなソフトウェアを使用することは, ソフトウェアの利用許諾ライセンスの違反になります. 法律[7]に違反していますので, 処罰される可能性があります. また, 場合によってはソフトウェアベンダーから高額な請求をされる場合があります.

- **ベンダーとの通信**

　改造されているとはいえ, ソフトウェアを実行すると, 認証のためにソフトウェアベンダーのサイトと通信を行う場合があります. これによって, ソフトウェアベンダーはどの IP アドレスで認証を受けていないソフトウェアが実行されているかを知ることができます.

- **ウイルスの混入**

　そもそもウイルスを配るために, 違法に改造した商用ソフトウェアや, 誰もが使いたくなるような魅力的な機能を持つソフトウェアを無料で「トロイの木馬」として配布している場合があります. マルウェアをパソコンに導入してしまうと, ウイルスなどに感染し, パソコンの動きが怪しくなったり, ボットネット (4.3 節参照) の一部としてネットワークの攻撃者に加担し, 加害者になることもあります.

1.2.6　パソコンの紛失や盗難への対策

　特にノートパソコンを持ち歩く場合, パソコンを紛失したり盗難にあったりする可能性があります. デスクトップパソコンでも, 故障や盗難にあう可能性があります. データの保全及び情報漏えいの観点から, 以下の考慮が必要です.

---

[7] 平成 22 年 1 月　改正著作権法施行

図 1.17　トロイの木馬

▍データの保全▍

　データの保全には，パソコンとは別にデータのバックアップをとっておくことが必要です．次のような方法がとられます．

- **クラウドストレージの利用**

　　手軽なバックアップ手段として，クラウドベースのストレージサービスを使う方法があります．

　　たとえば，Windows 11 であれば，Micosoft 社の提供するクラウドストレージサービスである OneDrive[8) を使うことで簡単にバックアップをとることが可能です．Macintosh では Apple 社の提供する iCloud Drive[9)にバックアップをとることができます．逆に，Macintosh で OneDrive を使ったり，Windows から iCloud Drive にバックアップをとることもできます．また，これ以外にも，DropBox [10)や Google ドライブ[11)，Box[12)といったクラウドベースのストレージサービスを利用してバックアップをとることが可能です．

　　図 1.18 にクラウドバックアップの仕組みを示します．パソコンのデータはインターネットを経由してクラウドストレージサービスに送られ保

[8) https://www.microsoft.com/ja-jp/microsoft-365/onedrive/online-cloud-storage
[9) https://www.icloud.com/iclouddrive
[10) https://www.dropbox.com/
[11) https://www.google.com/intl/ja_ALL/drive/
[12) https://www.box.com/ja-jp/cloud-storage

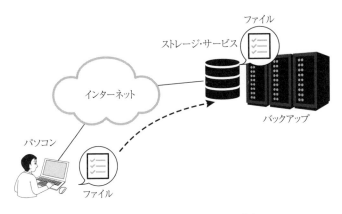

図 **1.18**　クラウドバックアップの仕組み

管されます．手動でファイル単位にコピーしてバックアップをとる方法
や，ソフトの設定で自動的に更新のあったファイルをバックアップする
方法があり，目的に応じて使い分けることができます．

　必要に応じて保存したパソコン以外からもデータを取り出すことがで
きるようになっています．自分のパソコンのバックアップのために使用
するので，他の人から読み出せない状態に設定をすることが重要です．

　また，上記のいずれのサービスの場合にも，クラウドサービスの利用
のためにアカウント取得が必要になります．多くのサービスに無料で使
える容量枠がありますが，それ以上の容量が必要な場合には，別に費用
がかかります．また，クラウドサービスですので，パスワードの管理を
しっかりする必要があります．

● **USB メモリや外付けハードディスクを使う**

　初期費用だけで，固定費用のかからない方法として，USB メモリや外
付けハードディスクを利用してバックアップをとる方法をお勧めします．
図 1.19 に USB メモリと外付けハードディスクの例を示します．

　これらの装置は小型で持ち運びができて便利ですが，紛失するリスク
があります．バックアップに利用する場合には，紛失に注意します．ま
た，紛失や盗難に備えた情報漏えい対策のため，次節で述べる暗号化を
しておくと安心です．

図 1.19 USB メモリ (左) 外付けハードディスク (右) の例

▌パソコンの情報漏えい対策▐

暗号化によって，パソコンや USB メモリが紛失しても，データの漏えいを避けることができます．ここでは，ディスクを丸ごと暗号化する方法を説明します．

図 1.20 にディスクを暗号化しない場合の状況を示します．パソコンにログインパスワードを設定してあれば，本人以外はログインできずにデータを読み出すことができないように思えます．しかし，パソコンそのものを紛失した場合，そのパソコンを入手した人はハードディスクや SSD を取り出して，他のパソコンに接続することでデータを抜き取ることができます．暗号化によって，取り出したデータが読み出せることを防ぐことが可能です．

図 1.20 ディスクの暗号化をしない場合

ハードディスクなどの暗号化のために，Windows 11 には BitLocker とよばれるソフトウェアが組み込まれています．図 1.21 に Windows 11 の暗号化画面を示します．一度機能を有効にするだけで，ハードディスク全体を暗号化することができます．BitLocker は内蔵ハードディスクや SSD だけでなく，USBメモリに対しても暗号化することができます．

図 1.21 Windows 10 の暗号化

　最新の macOS の場合には，FileVault とよばれる機能が組み込まれており，ハードディスクの暗号化が可能です．FileVault も一度設定しておくだけで，ハードディスク全体を暗号化します．また，普段の使い勝手は変わりません．図 1.22 に画面例を示します．

図 1.22 macOS の暗号化

1.3　スマホのセキュリティ

　最近のスマホは高性能になり，パソコンと同程度の性能を持っています．情報セキュリティに関しても，スマホはパソコンに類似の注意が必要になります．他方，利用する形態が異なることで，異なる点もあります．

　注意事項など，一部パソコンのセキュリティと重複する部分がありますが，本章では具体的な設定方法も含めて説明をします．

1.3.1　パスワードの設定

　スマホは画面ロックをする設定にして，使用時に認証がかかる設定にします．数字によるパスワードでの認証に加え，最近のスマホでは指紋認証や顔認証を使う方法も普及しています．

　ここでは，iPhone などの iOS 端末と Android 端末について例をあげて説明します．

iOS 端末のパスワード設定

　iOS 端末の認証画面の例を図 1.23 に示します．iOS 端末ではパスコードとよばれ，6 桁の数字により認証します．

図 1.23　iOS 端末の認証画面の例

　図1.24にパスコードの設定方法を示します．「設定」メニューから「Face ID
とパスコード」を選択して出た場面をスクロールして，「パスコードを変更」を
選択します．

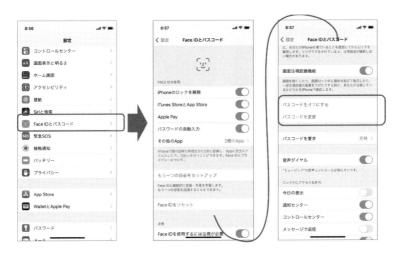

図1.24　iOS端末のパスコードの変更方法の例

▍Android端末のパスワード設定▍

　Android端末の認証画面の例を図1.25に示します．PINコード(数字)また
は指紋認証に対応した端末の例です．

　図1.26にAndroidのパスワードの設定方法を示します．「ロック画面とセ
キュリティ」から「画面ロックの種類」を辿って認証方法を変更することがで
きます．

図 1.25 Android 端末のパスワード入力画面の例

図 1.26 Android 端末のパスワード設定画面の例

1.3.2 ソフトウェアアップデート

　パソコンと同様にスマホのソフトウェアにも日々脆弱性が発見されます．不具合の修正された最新のソフトウェアを使うようにすることが必要です．

　スマホにもソフトウェアをアップデートする機能が組み込まれています．それを利用して，可能な限り早い時期に修正版を導入します．

▌iOS 端末のソフトウェアアップデート設定▐

　iOS 端末ではアップデートがあると，図 1.27 のように画面に通知が表示されます.

図 1.27　iOS 端末のソフトウェアアップデート通知画面の例

　アップデートを実行するためには，図 1.28 のようにリンクを辿って設定をします.

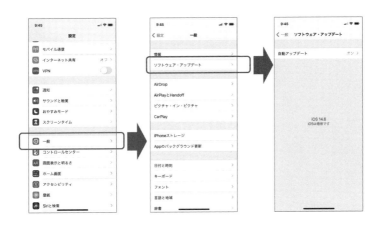

図 1.28　iOS 端末のソフトウェアアップデートの設定画面の例

　図 1.29 の画面で，夜中などのスマホを使っていない時刻に自動アップデートを設定できます. これを設定しておくと，アップデートを気にしなくても済みます.

図 1.29　iOS 端末の自動アップデートの設定画面の例

▌Android 端末のソフトウェアアップデート設定▌

　Android 端末でもアップデートがあると，図 1.30 のようなリンクを辿ることでアップデートを行うことができます (画面ではアップデート情報がない例を示しています).

　アプリケーションのアップデートを実行するためには，Google Play ストアのリンクを図 1.31 のようにリンクを辿ります.

　iOS と同様に自動アップデートの設定をしておくと，アップデートを気にしなくても済みます.

1.3.3　アプリケーションソフトウェアのインストールとアップデート

　ここではスマホ用に作成されたアプリケーションを「アプリ」とよぶことにします.

▌アプリの導入▌

　アプリは公式のアプリストアから購入し導入します. iOS 端末では Apple の提供する App Store[13]，Android 端末では Google の提供する Google Play[14]

---

[13] https://www.apple.com/jp/app-store/
[14] https://play.google.com/store

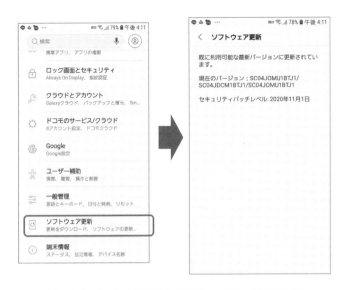

図 1.30　Android 端末の OS アップデート画面の例

図 1.31　Android 端末のソフトウェアアップデートの設定画面の例

が相当します．無料のアプリ (値段が 0 円) のものも購入として扱われています．

　いずれの場合も，アプリストアにはスマホの専用のアプリを使用してアクセスしますが，事前にアプリストア用アカウントの作成が必要です．また有料アプリを利用する場合にはクレジットカードなど決済のための情報の登録が必要になります．

　アプリストアではアプリを登録したり更新したりする際に，それぞれ独自の基準で審査を行っています．たとえば，個人情報を収集しサーバに送信するようなアプリは利用時にユーザの同意を求めるように設計されていることが求められます．したがって，アプリストアから購入できるアプリは審査を通っているものですので，ある程度安心できると考えられます．他方，アプリストアの審査を逃れて審査基準を満たしていないアプリが公開される可能性もあります．アプリストアで提供されているユーザによる評価などを参考に，導入を検討するとよいと思います．

　一方，アプリストア以外からアプリを導入する方法がインターネットで流通しています．この方法は，審査を受けていないアプリを導入することになりセキュリティのリスクがあります．

コラム 1.6　脱獄 (Jail Break) とは

　iOS 端末は機能的に App Store 以外からアプリを導入することができなくなっています．iOS のセキュリティを破ってその制限を超えてアプリなどを導入する行為は「脱獄」(Jail Break) とよばれています．インターネットでは脱獄の手順やそのためのプログラムなども流通しています．

　脱獄をすることで自由にソフトウェアを導入したり，設定を自由に変更することができるようになりますが，正規のアップデートが受けられなくなったり，ウイルスなどに感染しやすくなります．

▌アプリのアップデート▐

アプリに関しても，日々セキュリティが修正された版が提供されます．アプリストアを利用してアップデートを行うことができます．アプリもアップデートを行っておくと安心です．

1.3.4　ウイルス対策

パソコンと同様にスマホに感染するウイルスも出回り始めています．現在のところ，パソコンに比べて数は少ないので，ソフトウェアアップデートを実施しておけば危険は少ないと考えられます．

スマホ用のセキュリティソフトが販売されています．ウイルスの検出機能の他にバックアップや WEB ブラウジング時のプライバシー保護の機能を備えています．

1.3.5　紛失・盗難対策

▌データの保全▐

故障や紛失に備えて，スマホのデータのバックアップは必須です．

パソコンを使ってバックアップする方法もありますが，クラウドベースのバックアップ方法が提供されていますので，それを利用することが最も簡単だと思います．たとえば，iOS 用には Apple 社で iCloud というサービスを提供しています．バックアップの設定をするだけで，毎日自動的にバックアップが作成されます．

Android では，たとえば Google Drive にバックアップすることができます．

▌紛失対策▐

スマホにネックストラップや落下防止のカールコードなどをつけることで，置き忘れや気づかないうちになくすことを防ぐことができます．図 1.32 にスマホ用のネックストラップの例を示します．

図 1.32　スマホ用ネックストラップの例

▏情報漏えい対策 ▏

　あらかじめ端末の設定をしておくことで，紛失した端末に対して，位置の特定，遠隔ロックによるデータ保護，遠隔消去の機能を利用することができます．

　iOS 端末では「探す」という名前のアプリケーションが提供されており，次のことができます[15]．

1. 地図上でデバイスの位置を確認できます．
   デバイスの音を鳴らしたり通知を送ることができます．
2. 紛失としてマークすることで，パスコードでロックして使用できなくします．
3. 遠隔からデバイスを消去することができます．

　Macintosh の「探す」というアプリケーションを使うと iPhone の所在を確認することができます．地図上に iPhone などの所在が描かれています．この画面で，iPhone から音を出して知らせることができます．また，iPhone を使われないようにロックしたり，内容を消去することができます．

　Android でも「デバイスを探す」というプログラムを利用することにより，端末の位置の特定，ロック，データ消去を行う機能が提供されています．Google アカウントを登録するときにデフォルトで，「デバイスを探す」の機能は有効化されています．

---

[15] https://support.apple.com/ja-jp/HT201472

コラム 1.7　歩きスマホは禁止

　歩きながらスマホを操作することは「歩きスマホ」とよばれます．歩きスマホは危険なので，絶対にしないでください．電柱にぶつかったり，事故にあう危険があります．これまで事故にあったことがないので，自分は大丈夫と考えている人もいるかもしれませんが，周りが避けてくれているため無事だっただけです．歩きながらのスマホ操作は禁止です．

　なお，自転車や車の運転中にスマホを使う行為は，道路交通法の処罰の対象になります．

コラム 1.8　ながらスマホは TPO をわきまえて

　なにかをしながらスマホをいじる行為は「ながらスマホ」とよばれます．一人のときにスマホをいじりながら何かをすることは問題ありませんが，誰かと一緒のときなどに問題が発生する可能性があります．たとえば，友人と話しながらスマホで調べ物をしたり，講義を聴きながらスマホでメモをとることもあるかもしれません．コミニュニケーションの基本として，相手がどのように受け取るかを考えて行動することが必要です．スマホをいじって気にしない人もいるかもしれませんが，話を聞いていないと考えて怒りだす人もいます．TPO をわきまえてスマホを活用してください．

1.4　無線 LAN の利用

パソコンやスマホから無線 LAN を利用してインターネットに接続する場合が増加しています．家庭に無線 LAN を設置して利用する場合や，駅や商業施設，学校やホテルなどで一般向けに無料で提供している場所も増加しています．

有線に比べて手軽に利用できることから普及が進んでいますが，外出先で無線 LAN を利用する場合には，次の点に注意が必要です．

- **パスワードのかかっているアクセスポイントを利用する**

  パスワードのかかっていないアクセスポイントは盗聴される危険があります．同じ無線 LAN アクセスポイントに接続した悪意のある人によって，通信内容を傍受される可能性があります．

- **暗号化通信の利用**

  ID やパスワード，クレジットカード番号や暗証番号など重要な情報を無線 LAN でやりとりするときは，情報が盗まれないように URL が「https」で始まるものやブラウザに鍵マークが表示されるものを使用します．

- **知らないアクセスポイントには接続しない**

  たまたま暗号化されていないアクセスポイントを見つけたとしても，接続したりそれを利用した通信を行ったりしないでください．また，悪意のある人の設置したアクセスポイントであった場合，通信の内容を盗み見たり，パスワードをとられたりするおそれがあります．

- **ファイル共有オフ**

  公共の場で無線 LAN を使用する場合はファイル共有機能をオフにし，自分の端末に保存されているファイルを見られたり，不正なファイルを送られたり，他の人から無断で自分の端末にアクセスされないようにします．

- **できれば，Wi-Fi プライベートアドレス (コラム 1.9 参照) を使用する**

  ただし，MAC アドレス[16]による認証を行っている場合には，利用できない場合があります．

図 1.33 に iPhone の Wi-Fi 接続先の選択画面の例を示します．自分の接続す

---

[16] MAC アドレスはパソコンなどのすべてのネットワークに接続する製品を識別するための固有の番号のことです．詳細は 4.1.6 項参照.

る予定のアクセスポイントに鍵のマークがついていることを確認の上で，選択するようにします．

図 1.33 iPhone の Wi-Fi 接続先の選択画面

コラム 1.9　Wi-Fi プライベートアドレスとは

　最新の端末は，Wi-Fi アクセスポイントの接続情報からその端末の所有者の位置情報などの追跡を防ぐため「Wi-Fi プライベートアドレス」とよばれる機能が利用できます．この機能をオンにしておくと，アクセスポイントに接続する際に Wi-Fi の MAC アドレスがランダムに割り振られます．これによって，特定の端末がいつどこに移動したかといった解析を困難にします．ただし，接続する先のアクセスポイントが MAC アドレスによって端末を認証している場合には，この機能は使えません．図 1.34 に iPhone の Wi-Fi プライベートアドレスの設定方法を示します．

図 1.34 iPhone の Wi-Fi プライベートアドレスの設定

また，自宅などに無線 LAN アクセスポイントを設置する場合には，以下の点に注意してください．

- **必ずパスワードをつける**

  パスワードを知っている人のみがアクセスできるようにパスワードを設定します．十分強力なパスワードをつけてください．

- **ゲストでのアクセスを許可しない設定とする**

  無線 LAN の電波の飛ぶ範囲は数十メートルあります．自宅の周りで，思いもしない距離まで届いていることがあります．ゲストのアクセスを許可するとまったく知らない人が勝手に利用してしまう可能性もあります．

- **できるだけ強力な認証方式を用いる**

  認証方式として WPA2[17]または WPA3[18]の設定が推奨されています．複数の認証方式を選択できるようになっているアクセスポイントの製品

---

[17] WPA2: Wi-Fi Protected Access 2, 2004 年制定
[18] WPA3: Wi-Fi Protected Access 3, 2018 年制定

もありますが，1つ前のWPA[19]やさらに古い認証方式であるWEP[20]は使用しないようにします．WEPには脆弱性が発見されており，現在では数分で解読されてしまいます．

- **できるだけ強力な暗号方式を用いる**

  上記の認証方式と組み合わせて，暗号化方式の設定が必要です．一般的にはTKIP[21]やAES[22]とよばれる方式が使われていますが，現在のところAESが推奨されています．

1.5　電子メールのセキュリティ

本節では，電子メールのセキュリティで注意すべき点について説明します．

1.5.1　電子メールの仕組み

まず，電子メールの仕組みを簡単におさらいしておきます．図1.35はインターネットの電子メールの仕組みを簡単化して記述したものです．電子メールはインターネット上に配置されているメールサーバを経由してやりとりされます．電子メールを利用するためには，メールサーバを利用することが必要になります．サービスを提供している会社と契約して利用したり，自分でサーバを設置したりすることもできます．また，パソコンに導入したメール送受信ソフトをメーラとよびます．

ここでは，メーラとメールサーバの役割及びその動作を説明します．

電子メールを送信する場合の，処理の流れは次のとおりです．

1. 送信者がメーラを起動する．
2. 送信者がメーラで送信する電子メール (メッセージ) を作成する．
3. メーラで電子メールを送信する (送信ボタンを押すなど)．
4. メーラから送信者のメールサーバに電子メールの送信を依頼する．
5. 送信者のメールサーバは受信者のメールサーバにメールを転送する．直

---

[19] WPA: Wi-Fi Protected Access, 2002 年制定
[20] WEP: Wired Equivalent Privacy, 1997 年制定
[21] TKIP: Temporal Key Integrity Protocol
[22] AES: Advanced Encryption Standard

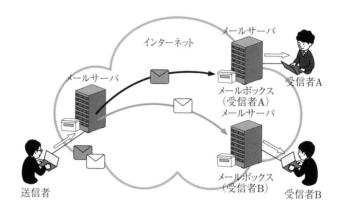

図 1.35　電子メールの仕組み

接送信できない場合には，別のメールサーバに中継を依頼する．

6. 受信者のメールサーバは該当する受取人のメールボックスに電子メールを格納する．

また，電子メールを受け取る場合の流れは次のとおりです．

1. 受信者がメーラを起動する．

2. メーラでメッセージの受信を指示する．

    メーラによっては定期的に確認する設定となっている場合もある．スマホなどのメールはメールアプリに制御が移ると自動的に確認する設定になっている．

3. メーラは受信者のメールサーバと通信を行い，メールボックスの新着メッセージをダウンロード (受信) する．

4. 受信者は，メーラ上で電子メールの内容を確認する．

電子メールは即座に受信者に届くように見えますが，いったん受信者のメールサーバ上のメールボックスに格納される点に注意が必要です．受信者が到着した電子メールを受信しないと，メールボックスに格納されたままです．

また通信の混雑や定期メンテナンスなどにより，送信側のメールサーバが受信側のメールサーバと通信ができない場合，送信側のメールサーバはしばらく待って再度通信を試みます．

1.5.2 メールアドレスとドメイン

電子メールの送受信を行う相手を一意に特定するため，メールアドレスが使われます．メールアドレスによってメールサーバは送るべき相手のメールサーバを認識します．

図 1.36 に電子メールアドレスの表記方法の例を示します．

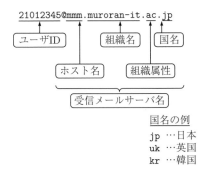

図 1.36 電子メールアドレスの表記方法

電子メールアドレスは，ユーザ ID から始まり，@ (アットマーク) で区切ってその後に受信メールサーバを表記します．一意にメールサーバを特定するため，受信メールサーバはドメイン名の表記方法が使われます．例では，後ろから見て jp が国 (日本) を ac が属性 (大学など高等教育機関) を，muroran-it が組織 (室蘭工業大学) を，mmm がホスト名を示しています (ホスト名はつけないこともあります).

┌─ **コラム 1.10 属性型・地域型 JP ドメイン名**

　組織や地域ごとに使えるドメインが決まっています．表 1.10 に主な属性型・地域型 JP ドメインを示します．

　これ以外に，汎用 JP ドメイン名や道府県型 JP ドメイン名などがあります．詳しくは，「ドメイン名ってなに？日本のドメイン名「.jp」」[23] を参照してください．

---

23) https://jprs.jp/related-info/about/jp_dom/

表1.3 主な属性型・地域型 JP ドメイン

ドメイン属性	組織の種類
xxx.ad.jp	JPNIC 会員
xxx.ac.jp	大学など高等教育機関
xxx.co.jp	企業
xxx.go.jp	政府機関
xxx.or.jp	企業以外の法人組織
xxx.ne.jp	ネットワークサービス
xxx.gr.jp	任意団体
xxx.ed.jp	小中高校など初等中等教育機関
xxx.lg.jp	地方公共団体

1.5.3 利用するメールサービス

メールサーバを利用するためにメールサービスを契約する必要があります．以下のような選択肢があります．

- **会社や団体などの組織が提供するメールサービス**

  組織として公式の電子メールを提供するために設置され利用されます．メールアドレスは，会社などの組織の一員であることを示しています．日本の場合の例としては，メールのドメインの.co (企業) や .or (企業以外の法人組織)，.go (政府機関)，.ac (研究機関) などが該当します．

- **商用のメールサービス**

  一般公衆向けに提供されているメールサービスです．
  - 無料メールサービス
  - キャリアの提供するメールサービス
  - ISP，携帯電話会社

1.5.4 メーラの選択

メーラは大きく分けて次の2種類に大別されます．

- **メールソフト (アプリケーション)**

  パソコン上でメールを扱うソフトです．図1.37 にその構成を示します．事前にパソコンのソフトを導入し，サーバとの接続情報などの設定が必

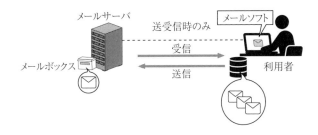

図 1.37 メールソフト (アプリケーション)

要になります．メールの送受信にはメールサーバとやりとりする必要が
あり，そのときはインターネットへの接続が必要になります．それ以外
のときはパソコンをネットワークに接続しなくても利用可能です．また，
複数のメールサーバを同時に利用して，複数アカウントのメールを同一
ソフトで一括して扱うことができます．

　基本的に電子メールはパソコンにダウンロードして保管します．この
ため，添付ファイルなどはパソコン上ですぐに開くことができます．ウ
イルスの入ったファイルなどをダウンロードする可能性もあるため，ウ
イルス対策ソフトを入れておく必要があります．

　複数のパソコンから同じメールサーバを参照したい場合には，メール
サーバ上にメールを残す設定をしておくとよいでしょう．

● **WEB ベースのメールサービス**

　WEB ブラウザからメールの読み書きをするサービスです．パソコン
にソフトを導入しなくても WEB ブラウザを使って，サービスにログイ
ンするだけで利用できます．利用時にはインターネットへの接続が必要
になります．図 1.38 にその構成を示します．

　基本的にメールサーバに電子メールを保管しますので，別のパソコン
からでも電子メールを参照可能です．電子メールはサーバ上にあるため，
その添付ファイルを開く場合には，まずパソコンへのダウンロードが必
要になります．この際にパソコンへのウイルス混入を防ぐため，ウイル
ス対策ソフトを導入しておきます．

　電子メールはメールサーバ上に保管されるため，利用するサービスの

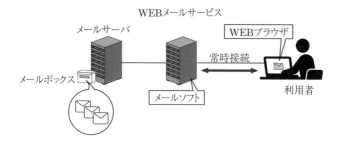

図1.38　WEB ベースのメールサービス

事故などでメールが消えるおそれがあります．バックアップのため，電子メールをパソコンに保管しておくと安心です．

1.5.5　メールソフトのセキュリティ

利用するソフトウェアによって異なりますが，以下の設定をしておくとよいでしょう．

1. **メール閲覧方法の設定で HTML メールの表示をしない**

   HTML メールは電子メールに画像などを埋め込むことができますが，URL のリンクなどを自由に設定することもできます．悪意のある電子メールでは，誤ってクリックする可能性がありますので HTML の表示はしない設定にしておきます．

2. **メール閲覧方法の設定で外部コンテンツの表示をしない**

   HTML を受信時に画像などのリンクが含まれている場合，自動的にダウンロードして表示する機能です．悪意のある電子メールで意図しない URL をアクセスしないために，表示をしない設定にしておきます．

3. **メッセージのプレビューを表示しない**

   メールの一覧とともに，メール内容を表示する機能です．プレビューによって，不用意に悪意のあるメールを開いてしまうことを防ぐため，機能を使わないようにします．

4. **メール送信時の設定で，テキストで電子メールを作成する**

   送信に使用する電子メールは HTML 形式でなくテキスト形式のメールとすることで不要な混乱を避けることができます．

5. **迷惑メール，SPAM メールの自動判定**

メール内容を機械的にチェックし，SPAM メールであるかどうかを自動
判定する機能が提供されている場合があります．判定結果によって，メー
ルの表題に [SPAM] のようなタグがつけられてメールボックスに届けら
れます．メールの自動振り分け機能を利用して，別フォルダに格納して
おけば，普段は意識しなくて済みます．

ただし，SPAM の自動判定は 100 ％正確ではない点に注意してください．
偽陽性 (SPAM でないのに SPAM と判断された) や偽陰性 (SPAM なの
に SPAM と判定されなかった) の場合が問題になります．前者は SPAM
フォルダなどを確認すればわかるので問題は少ないですが，後者はメー
ル購読時に利用者が注意することが必要です．

コラム 1.11　Outlook のセキュリティオプション

Outlook ではメールを使用する前に，次のセキュリティオプションを設定します．

1. 「制限付きサイトゾーン」を選択する．
2. 「ほかのアプリケーションが私の名前でメールを送信しようとしたら警告する」をチェックする．
3. 「ウイルスの可能性がある添付ファイルを保存したり開いたりしない」をチェックする．
4. 「HTML 電子メールにある画像及び外部コンテンツをブロックする」をチェックする．

読み取りオプションを設定します．

1. 「自動的にグループメッセージを展開する」のチェックを外す．
2. 「プレビューウインドウで表示するメッセージを自動的にダウンロードする」のチェックを外す．
3. 「メッセージはすべてテキスト形式で読み取る」をチェックする．

送信オプションの設定をします．

1. 「メッセージを直ちに送信する」のチェックを外す．
2. 「返信したメッセージの宛先をアドレス帳に追加する」のチェックを外す．
3. 「受信したメッセージと同じ形式で返信する」のチェックを外す．
4. メール送信の形式で「テキスト形式」を選択する．
5. ニュース送信の形式で「テキスト形式」を選択する．

> ### コラム 1.12　SPAM メールに注意
>
> 　利用者の意向に反して送られてくるメールは,「迷惑メール」または「SPAM メール」とよばれます. 外部にメールアドレスが流出すると, 機械的に SPAM メールを送るプログラムの標的になります. このため, SPAM メール攻撃の対象とならないように, 必要以上にメールアドレスをインターネット上で公開しないようにします. どうしても公開する必要のある場合には, 機械的な処理を防ぐために, 一部を伏字にして説明を加えたり, 画像としてメールアドレスを公開するなどの自己防衛策がとられます.
>
> 　一方で, SPAM メールはインターネット上の乗っ取られたメールアカウントや脆弱性のあるメールサーバを使って送信されています. このため, SPAM メールの送信元に抗議しても改善される可能性はほとんどありません. インターネット上では, 不審なメールサーバや乗っ取られたメールアカウントの情報が日々交換されており, これらの情報も SPAM メールの判定に利用されています. 送られてくる SPAM メールに対しては無視することが個人でできる最善の防御です.
>
> 　ちなみに, 迷惑メールを出す行為は日本の法律では違法です (第 5 章参照).

1.5.6　電子メール受信時の注意点

　ここではメールの受信に関する注意事項について述べます.

▌SPAM メール▌

　SPAM メールと判断させるメールに対しては, 読み飛ばして何もしないでください. 図 1.39 及び図 1.40 に SPAM メールの例を示します.

▌標的型攻撃▌

　標的型攻撃は特定の組織を狙って, 意図的に作成されたメールを送りつける手法です. たとえば, 取引先や監督官庁を装って, アンケートや問い合わせを行う行為が行われます. 標的型攻撃であるかどうかの確認のチェックポイントの例を以下に示します.

- **送信者の表示と実際のアドレス**

　メールの送信者欄の表示で, 記載されている送信者とそのメールアドレスがあっているか確認します. たとえば, Amazon からのメールであれば, amazon.co.jp のメールアドレスになっているかどうかを確認してください. たとえば, 取得の容易なフリーのメールアドレスである場合

図 1.39 Amazon を装った SPAM メール

には偽りである可能性があります.

- **内容**

  架空の組織や部署,職員名が記載されていないか確認します.

  日頃やりとりのない,人,組織などからのメールは不審なメールとして注意してください.

  また,不正なファイルを開かせたり,URL をクリックさせてフィッシング詐欺などが行われます.「緊急」などと急かしてファイルを開かせたり URL をクリックさせようとする文面がある場合は細心の注意を払ってください.

- **URL のリンク先**

  リンク先をクリックしてはいけません.リンクの表示名と実際のリンク先があっているか確認します.メーラの設定でテキスト形式の表示になっていないとリンク先が表示されません.テキスト形式で表示するよ

図 1.40　楽天や三井住友銀行を装った SPAM メール

うに変更した上で確認することが必要です．

- **添付ファイル**

　　添付ファイルは開いてはいけません．ウイルス対策ソフトで発見でき
ないウイルスもあるため，読まずに捨ててください．誤って開いてしまっ
た場合には，正常に開けたとしてもウイルス対策ソフトを利用してディ
スク全体のスキャンを実行してください．

架空請求

　架空請求メールに関しても，無視してください．メールに記載されている問
い合わせメールや，電話などに問い合わせを行ってはいけません．図 1.41 に架
空請求メールの例を示します．

　どうしても気になる場合には，メールに記載されている問い合わせ先でなく，
WEB で検索をして請求元の正規の問い合わせ窓口に相談します．

届いた不審メールの例

※別パターンが用意されている可能性も考えられますので、下記以外の内容でもご注意下さい。

- From（送信主）： purchase@ml.nhk-ondemand.jp
- Subject（メールタイトル）：【 NOD 】ご購入手続き完了のお
- 内容（一部抜粋）：

この度は、『NHKオンデマンド』をご利用頂き
誠にありがとうございました。
以下の通り、購入手続きが完了しました。
―――――――――――――
[商品名] ドキュメント７ ２時間
[お問い合せ番号] 20166612-001145
[ご購入年月日] 2017年11月23日
[ご利用額合計(税込み)] ご利用金額 108 円
[ご利用条件] 購入後 1日0時間まで
[お支払い方法] クレジットカード
※キャンペーンご利用の方は、ログイン後
マイコンテンツでご確認下さい。
―――――――――――――

図 1.41　NHK オンデマンドを装った架空請求メール

1.5.7　電子メール送信時の注意点

▍電子メールの形式▍

　受信者の不要な混乱を避けるために、電子メールはテキスト形式で送信します。添付ファイルを送る場合には、電子メールの本文で添付したファイルの内容について説明をします。また、送信前に添付ファイルのウイルススキャンをしておくと安心だと思います。

▍誤送信▍

　送信先を間違えて、電子メールを送ると情報漏えい事故につながります。たとえば、顧客先を間違えて見積書を送付すると、それだけで情報漏えいにあたります。いったん送信してしまった電子メールは取り消しができません。送信先に削除の依頼をすることはできますが、送信してしまった事実は消えません。
　電子メールの誤送信は単純な人為的ミスですが、情報漏えい事案件数の3～4割程度を占めています。
　誤送信を防ぐために、次のような方法がとられます。

- **送信前のプレビュー機能を使う**

  送信する電子メールを確認する機能 (プレビュー機能) を利用して, 送信前に宛先アドレスを確認することで誤送信を減らすことができます. 特に, カーボンコピー「CC」などの同報メールの宛先に誤った人が入る場合もあるため注意しましょう.

- **送信遅延機能を使う**

  送信遅延機能は送信操作後に一定時間たってから実際にメールを送信する機能です. 送信直後に誤りに気づくことが多いため, この機能があれば取り消しできます.

- **機微な情報は電子メールを使わない**

  そもそも機微な情報を電子メールで送らないようにします. ファイルの送付サービスなどを利用することで, 送達の確認や相手が読む前であれば取り消しなども可能です.

宛先ミスによる情報漏えい

不注意によって情報漏えいをしてしまうもう 1 つの例として, 宛先 (To:) の欄の不適切な利用があります. 宛先欄に宛先を複数書くと同じ内容の電子メールを複数人宛に送付することができます. しかし, この場合には宛先欄にすべての宛先が記載された状態の電子メールが宛先人すべてに届きます. たとえば顧客リストにあった宛先を宛先欄に記載してしまうと, すべての顧客のメールアドレスがすべての顧客に届いてしまいます. 宛先ミスによる情報漏えいは絶えません.

　この漏えいを防ぐには, Bcc: (Blind Carbon Copy) の機能を利用します. 機能は To: や Cc: に書いた場合と同じですが, To: 欄, Cc: 欄は何も記入されていない状態の電子メールが送られます.

メールの返信や転送

受信した電子メールに対して返信するときにも, 送信前に返送先の確認をすることが必要です.

　特にメーリングリスト宛のメールは返信先としてメーリングリストが指定さ

れている場合があります．メーリングリストに投稿した人に個人的なメールを
返信したつもりで，メーリングリスト全員に届いてしまうことがあります．

　また個人的にもらったメールを第三者に転送する場合には，送信元の人に転
送許可をもらったほうがよいでしょう．

▐秘密内容を含む電子メールの送信▐

　電子メールは「はがき」にたとえられます．内容が平文であるため，中継の
途中で盗聴された場合に，容易に内容を確認することができます．人に知られ
たくない秘密の情報を送る場合には，暗号化することが必要になります．

　オフィスソフトで作成したファイルを暗号化するための最も簡単な方法は，
ソフトに組み込まれているパスワードの設定機能を利用します．図 1.42 に
Microsoft Word のパスワード設定の方法を示します．

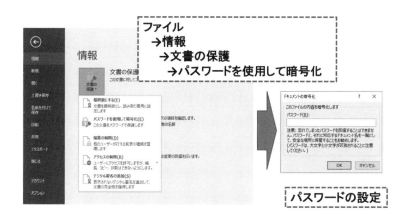

図 1.42　Microsoft Word のパスワード設定の例

　パスワードを設定した文書は，開こうとするとパスワードの入力が求められま
す．内容は暗号化されており，パスワードを知らないと開くことができません．
　暗号化をサポートしていないアプリケーションの場合には，アーカイブソフ
トの暗号化機能を使うとよいでしょう．

コラム 1.13 PPAP プロトコル

PPAP は「P (パスワードで暗号化) P (パスワード送信) A (暗号化) する P (プロトコル)」の略です．メールで暗号付き ZIP ファイルを送り，別メールでパスワードを送ることは，暗号化の意味がないことを揶揄するものです．2020 年に政府の意見募集サービス「デジタル改革アイデアボックス」からも批判する指摘が相次ぎ中央省庁では廃止にすることで検討が進められることになりました．

図 1.43 に PPAP の問題点を示します．暗号化したファイルと暗号を解読するためのパスワードをメールという同じ手段で送ることで，盗聴された場合に容易に解読することができてしまいます．

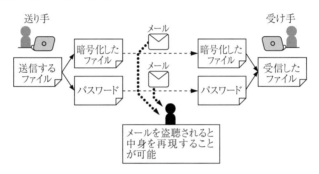

図 1.43 PPAP の問題点

簡単な解決策を図 1.44 に示します．パスワードそのものではなく，受信者にしかわからないようなパスワードをつけて，ヒントのみを送ることで，盗聴されても容易に解読されることがなくなります．

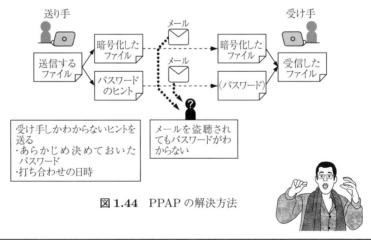

図 1.44 PPAP の解決方法

1.6 インターネットサービスの利用

1.6.1 スマホ決済サービス

スマホ決済サービスは，スマホなどを使って，代金を支払うサービスです．キャッシュレス決済ともよばれています．

PayPay[24]，楽天ペイ[25]，LINE Pay[26]，d 払い[27] などが代表的な例です．

政府でキャッシレス決済を促進するための施策を展開しています．お店で QR コードをかざしてキャッシュレスで支払いができる利便性から近年急速に日本でも普及が進んでいます．サービスによっては，利用額や条件に応じてポイントなどの特典も得られます．

利用にあたっては以下の点に注意が必要です．

1. **暗号化通信の確認**

   ID やパスワード，クレジットカード番号や暗証番号など重要な情報をやりとりするときは，情報が盗まれないように URL が「https」で始まるものやブラウザに鍵マークが表示されるものを使用しましょう．

2. **パスワードの注意点を守ること**

   パスワードの設定やパスワード管理などの一般的な注意事項は必ず守るようにします．

3. **定期的に利用履歴を確認すること**

   不正に利用されていないか，利用履歴を定期的に確認します．利用のたびに電子メールで知らせるサービスなどが提供されている場合には，利用するとよいでしょう．

4. **銀行口座やクレジットカードの決済状況を確認すること**

   誤った請求が来ていないか，決済サービスで支払いに利用する銀行口座やクレジットカードなども定期的に確認が必要です．

---

[24] https://paypay.ne.jp/
[25] https://pay.rakuten.co.jp/
[26] https://pay.line.me/
[27] https://service.smt.docomo.ne.jp/keitai_payment/

5. **利用履歴を提供していることを意識すること**

決済サービス提供者は決済の実績を把握して，サービス改善や利用促進のために利用することをうたっています．買い物の実績を提供していることを意識しておく必要があります．

6. **フィッシングメールなどに注意すること**

決済サービスを語るフィッシングメールが増加しています．利用中の決済サービスからのメールであっても，その真偽を再度確認して騙されないようにします．

1.6.2　クラウドストレージサービス

クラウドストレージサービスはインターネット上にデータ（ファイル）を置く場所を提供するサービスです．

DropBox[28]，OneDrive[29]，Google ドライブ[30]，iCloud Drive[31] Box[32] などが代表的な例です．主に次のような目的で利用されます．

1. **データのバックアップ用**

パソコンのデータなどをバックアップする目的で利用されます．

2. **共同作業データの共有用**

仕事で使うデータを限定されたメンバー間で共有する目的で利用されます．

3. **データの公開用**

インターネット上で誰からも参照可能なデータの置き場として利用されます．

上記のように，異なる目的で利用されており，利用にあたっては設定を正しく行うことが必須です．次の点に注意します．

---

[28] http://dropbox.com/

[29] https://www.microsoft.com/ja-jp/microsoft-365/onedrive/online-cloud-storage

[30] https://www.google.com/intl/ja_ALL/drive/

[31] https://www.icloud.com/iclouddrive

[32] https://www.box.com/ja-jp/cloud-storage

1. **データのバックアップ目的**

   意図しない他者からデータを参照されないように，IP アドレスによりアクセス元を制限したり，パスワードを使ってデータを保護したりします．可能であれば，クラウドストレージに送る前にデータを暗号化しておくと安心です．

2. **共同作業データの共有用**

   共同作業目的での利用の場合，データを参照可能なメンバーの管理を厳密に実施することが必要になります．参照する権限，更新 (上書き) する権限を設定したり，権限を持つ期間などの設定も可能です．共同作業が終了したら，データを参照できなくするか，消去してしまうとよいでしょう．誰がデータにアクセスしたかを把握できるように設定しておくと，問題が発生した場合の解決に役立ちます．

3. **データの公開用**

   一般から参照可能なデータとしておく場合には，参照権限のみを付与し，書き換えや削除ができない設定が必要です．他の目的で利用しているアカウントと共用すると管理が複雑になり間違える可能性が高いため，アカウントを分けるなどの配慮が必要です．

クラウドストレージに写真などを置いて，アクセス制限せずに関係者間で電子メールで URL を共有するような使い方は避けてください．URL が複雑なため，推定されることはないと考えられますが，仮に共有している誰かが URL を含む電子メールを転送することで拡散されてしまう可能性があります．また，この場合には誰が拡散したかを特定することは困難です．

1.6.3　ソーシャルメディア (SNS) の利用

ソーシャルメディアは個人による手軽な情報発信と情報共有が可能で，人気があります．Twitter[33] や Instagram[34] などが代表例です．

---

[33] https://www.twitter.com/
[34] https://www.instagram.com/

▏利用時の注意点▕

ソーシャルメディアでは個人が発信する情報を扱うため，以下の点に注意が必要です．

- **内容を鵜呑みにしない．自分で真偽を判断する．**

  意図せずに誤った内容が含まれている可能性があります．

- **フェイクニュース，デマに注意する．**

  意図的に誤って情報を流している場合もあります．

- **個人に対する攻撃や，誹謗中傷に注意する．**

  誹謗中傷の内容が含まれている可能性があります．

- **拡散することで，被害を広げることに加担しない．**

  情報を拡散する場合には，特に誤った情報でないかどうか確認が必要です．

▏投稿時の注意点▕

SNS に一度投稿すると，インターネット上から完全には消すことはできません．たとえば，Twitter のフォロワーが少なく見ている人も少ないため，個人的な情報を投稿しても大丈夫と考えるかもしれません．しかし，後から誰でも検索で見つけることができます．

以下の点に注意して投稿します．

- **個人情報を含むメッセージを投稿しない．**

  悪用される可能性があるため，自分の情報でも，個人情報の投稿は控えるべきです．

- **写真で位置が特定される場合もある点に注意する．**

  撮影位置がわかることで，旅行中であることがばれて，空き巣に入られたといった事態が発生するかもしれません．

- **写真に他人が写っている場合には，肖像権に配慮する．**

  人物が特定できないように撮影に工夫をするか，モザイクなどの処理が必要です．

- **写真やメッセージに組み込まれる位置情報にも注意する．**

  位置情報を公開したくない場合には写真やメッセージの中に位置情報を

含まないように設定します.

これらのサービスは,すでに身近なものでとても便利なものですが,サービス提供事業者が情報漏えいしたり,データが失われたりすることなどもあります.このような事態に備えた使い方を日頃から留意しておきましょう.

コラム1.14　GPSと位置情報

　携帯電話やスマホにはGPS (Global Positioning System, 全地球測位システム)受信機が搭載されていて,位置情報の把握が可能となっています.GPSは上空にある複数のGPS衛星の発した微弱な信号を受信し,GPS受信機内で位置情報に関する計算処理をすることで,受信者自身が現在の位置を知ることのできるシステムです.決して,GPS衛星に向けてスマホなどから電波を出して位置情報を送っているわけではありません.GPSによって位置情報を追跡するためには,GPSとは別にデータ通信手段が使われます.

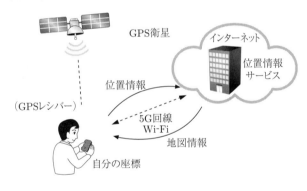

図1.45　GPSによる位置の把握とデータ通信

1.7　セキュリティ事故発生時の対応方法

　本節では,ウイルス感染などのセキュリティ事故の発生が疑われる場合の対応方法の概要を説明します.

　なお,状況によって対応の必要な内容が変わる可能性があるため,周りの詳しい人や相談できる組織に相談することも良い方法です.

1.7.1 ウイルス感染が疑われる場合

パソコンの動きがいつもと違う（遅いなど）の場合には，ウイルス感染の可能性があります．次の手順で対応をしてください．

1. **パソコンをネットワークから切り離す**

   ウイルス感染が他のパソコンに広がることを防ぐため，ネットワークから切り離します．有線ネットワークを利用している場合には，ネットワークケーブルを物理的に引き抜きます．無線ネットワークを利用している場合には，無線をオフにします．

2. **ウイルス対策ソフトでフルスキャンする**

   インストールされているウイルス対策ソフトで，ハードディスクやSSDなどの内蔵ストレージをフルスキャンします．

3. **所属組織に連絡する**

   仕事で利用しているパソコンの場合には，所属組織の担当に連絡の上で対応を相談します．組織の対応ポリシーによっては，原因解明のために現状を保存するように指示される場合もあります．

4. **ウイルス対策ソフトで除去を試みる**

   ウイルス対策ソフトでウイルスが発見された場合には，ウイルス対策ソフトの隔離機能を使ってウイルスの除去を試みてください．

5. **OSを再インストールする**

   ウイルスの除去ができたとしても，ウイルス対策ソフトの検知できない未知のウイルスに感染している可能性があります．一度ウイルス感染したパソコンはバックアップをとった上で，OSを再インストールすることをお勧めします．

6. **ウイルス感染が確認できない場合**

   ウイルス対策ソフトで何も検出されなかった場合には，ひとまず安心ですが，それでもパソコンの動きがいつもと異なる場合，ウイルス対策ソフトの検知できない未知のウイルスに感染している可能性があります．原因がわからない場合には，専門家に相談するか，パソコンのバックアップをとった上で，OSを再インストールすることをお勧めします．

7. 詐欺サイトに注意

ウイルス感染の警告を表示し，パソコンのサポートを有料で行う詐欺サイトがあります．パソコンにウイルス感染の表示が出ても，その連絡先に連絡しないでください．多くの場合，ブラウザを閉じるかパソコンをリセットすると直ります．

1.7.2　アカウントの乗っ取りが疑われる場合

メールやインターネットサービスなどでのアカウントが他者に利用されている疑いがある場合には，次の手順で対応してください．

1. アカウントを利用できない場合

アカウントを乗っ取られて，パスワードなどの認証方法を変更されてしまうと，利用できなくなってしまいます．この場合には，サービス提供者に連絡をとってアカウントの停止，回復を依頼します．

2. アカウントを利用できる場合，当該サービスの利用履歴を確認する

利用した覚えのない時刻に履歴がある場合には，他者がアカウントを利用してる可能性があります．

3. パスワードの変更

他者の乗っ取りが疑われる場合には，利用しているパスワードを変更します．多要素認証が提供されていれば設定します．

4. 連携サービスの確認

当該アカウントを他のアカウントと連携している場合，他のサービスについても被害を受けている可能性がありますので，連携サービスすべての状況を確認する必要があります．

5. クレジットカードなどの停止

クレジットカード情報をアカウントに紐付けている場合，クレジットカード情報を窃取され買い物をされたりする場合があります．クレジット会社に連絡をとって該当するカードの利用停止を依頼します．

6. パソコンのウイルス感染の確認

ウイルスに起因してアカウント情報が盗まれている可能性があります．パソコンのウイルス感染の手順を確認します．

1.7.3 個人情報などが流出した場合

サービス提供会社などから個人情報流出などの連絡が来た場合には，次の手順で対応します.

1. **漏えいした情報の確認**

   いつ，どのような種類の情報が流出したか確認します．詳細情報が不明な場合には，サービス提供会社に問い合わせを行います.

2. **関連サービスのパスワードの変更**

   パスワード情報が漏えいしている場合には，直ちにパスワードを変更します．他のサービスなどで同じパスワードを使い回している場合には，すべてのパスワードをそれぞれ異なるパスワードに変更し直してください.

3. **クレジットカードなどの停止**

   クレジットカード情報が流出している場合には，クレジット会社に連絡をとって該当するカードの利用停止や再発行を依頼します.

4. **その他の情報**

   その他流出した情報で，変更可能なものは変更します．特に重要なマイナンバーカードの情報が漏えいした場合は，個人番号の変更と通知カードの再発行が必要になります.

5. **受信メールに注意する**

   メールアドレスが漏えいしている場合には，スパムメールが増加したり，メールで攻撃を受ける可能性が高くなります．いつもより注意深くメールの内容を確認するようにしてください.

1.7.4 スマホやパソコンを紛失した場合

スマホやパソコン，記憶媒体を落としたりなくした場合には次の手順で対応します.

1. **本当になくしたか確認する**

   本当に紛失したか確認をします（どこかにしまっていないか，何かに紛れていないかなど）.

2. **遠隔で探す**

スマホの場合，遠隔である場所がわかることがあります．遠隔で探してみます．

3. **遠隔ロックや遠隔消去**

   遠隔で探して見つかった場合，場所を手がかりに探しますが，盗難などで悪意のある第三者の手に渡っていることが想定される場合，遠隔ロックや遠隔消去を試みます．

4. **警察への届出**

   紛失物として届く場合もありますので，最寄りの警察署に紛失物の届けを出します．

5. **所属組織への届出**

   仕事で使っていた情報の入っていた機器を紛失した場合には，個人の責任範囲を超えていますので，会社などの所属組織に迅速に届け出ます．隠蔽する行為は，自身の立場を悪くしますし，対応が遅くなり事態を悪化させる可能性があります．

6. **格納されていた情報の確認**

   重要な情報が入っていなかったかを確認します．被害拡大防止のために，クレジットカード情報など変更可能な情報は変更します．

▮ 演 習 問 題 ▮

1.1 アカウント管理とパスワード

次の記述で適切なものには○を，不適切なものには×をつけよ．

(1) パスワードは定期的に変更したほうがよい．

(2) インターネットのサービスの利用が終わったら，ログアウトしたほうがよい．

(3) パスワードは 5 文字あれば十分な強度がある．

(4) 英数字記号を含んだパスワードのほうが，英字だけのものより推測されにくい．

(5) パスワードは辞書の単語の組み合わせで作成したほうが忘れにくくてよい．

(6) よく使うサービスは，忘れないように他のサービスと同じパスワードにしている．

1.2 パソコンのセキュリティ

次の記述で適切なものには○を，不適切なものには×をつけよ．

(1) 自分専用のパソコンはログインしなくても使用できるようにしておくと便利だ．

(2) 生体認証は身体の特徴を使った認証方法で，顔認証や指紋認証などが使われている．

(3) パソコン購入時にウイルス対策ソフトが入っていたので，期限を確認せずに使い続けている．

(4) パソコンにウイルス対策ソフトを導入しているので，絶対にウイルスに感染することはない．

(5) 古くなってサポートのなくなったソフトは，脆弱性があるので使わないほうがよい．

(6) パソコン紛失に備えて，クラウド上にバックアップをとるようにしている．

(7) クラウドや USB メモリなどにバックアップを取得しておくと，ウイルスに感染してもファイルを容易に復元できる．

(8) パソコンが古くなったら，そのまま粗大ゴミとして捨てても問題ない．

1.3 スマホ

次の記述で適切なものには○を，不適切なものには×をつけよ．

(1) スマホは必要なときにすぐに使えるように，画面ロックはしないほうがよい．

(2) スマホはソフトウェアアップデートを行い，常に最新の状態に保つ必要がある．

(3) スマホの紛失を防ぐためには，ストラップが有効である．

(4) スマホ紛失に備えて，クラウド上にバックアップをとるようにすることは有効である．

(5) スマホを紛失した場合，遠隔から場所を特定することができる機能がある．

(6) スマホを脱獄 (Jail Break) すると，ウイルスに感染しやすくなる.

1.4 無線 **LAN** の利用

次の記述で適切なものには○を，不適切なものには×をつけよ.

(1) パスワードの付いていない隣家のアクセスポイントに接続して，無料でインターネットを使っている.

(2) 自宅に Wi-Fi アクセスポイントを設置したが，誰でも使えたほうが便利なのでパスワードをつけなかった.

(3) ホテルのフロントで Wi-Fi パスワードを聞いてから Wi-Fi に接続してインターネットを使った.

(4) 「Wi-Fi プライベートアドレス」は，Wi-Fi アクセスポイントの接続履歴から位置情報をトラッキングされないようにすることでプライバシーを守る機能である.

1.5 電子メール

次の記述で適切なものには○を，不適切なものには×をつけよ.

(1) 電子メールはどんな場合でも遅延なく届けられる.

(2) 電子メールには，文字以外に画像データを添付することができる.

(3) 電子メールの誤送信を防ぐには，送信前にプレビュー機能を使うことが有効だ.

(4) 送信済みの電子メールは取り消すことができる.

(5) 暗号化したファイルを送る場合，解凍しやすいようにパスワードも同じメールで送ったほうがよい.

(6) 金銭を要求するメールの中に，自分の名前が記載されており，ハッキングされたことは確実なので，ビットコインで支払った.

1.6 インターネットサービスの利用

次の記述で適切なものには○を，不適切なものには×をつけよ.

(1) Google ドライブなどのクラウドストレージにファイルを格納する際に，ファイルにパスワードをつけることは，情報漏えい対策として有効である.

(2) DropBox にクラス会の写真を置いてアクセス制限をつけずにリンクを友達に送ったが，友人しか共有していないので問題になることはない.

(3) アカウントに 2 段階認証を設定することは，アカウント乗っ取りに対して有効である.

(4) スマホ決済サービスは大手の企業が提供しているので，パスワード事故が起こることはない.

1.7　ソーシャルネットワーキングサービス

　次の記述で適切なものには○を，不適切なものには×をつけよ．

(1) WEB サイトへのコンテンツやコメントなどの投稿は，後からいつでも削除できるので，どんな内容を掲載しても大丈夫だ．

(2) WEB サイトの目的は閲覧回数を増やすことなので，利用規約を少しくらい逸脱した投稿でも閲覧回数が増えさえすればよい．

(3) アクセス制限はしていないが実際に閲覧する人は数人なので，クラス会の集合写真を WEB サイトに投稿してもかまわない．

(4) ソーシャルネットワーキングサービス内で仲間内でのアクセスのみに制限すれば，どんな投稿をしてもかまわない．

「2」 セキュリティの脅威と対策

　第1章では，私たちの日常の中で情報セキュリティを守るための具体的な方法を中心に説明しました．本章では，情報セキュリティに対する基本的な考え方について説明します．基本を理解しておけば，新たな事象や状態が発生しても，対応する応用力が得られることが期待されます．

2.1　情報セキュリティ

2.1.1　広義のセキュリティとは

　「セキュリティ」という言葉は，本来「安全」を意味しています．「守るべきものが正常な状態にあり，その状態を維持すること」がセキュリティを保つことにつながります．

　広義のセキュリティ対策には以下の事象も含まれます (図2.1)．

- 地震，火災，風水害などの自然災害
- 国際紛争，内戦，戦争，テロ
- 盗難，泥棒，詐欺
- 疫病の爆発的な流行
- 事故
- 銀行や関連会社の倒産，株価の下落など

情報セキュリティはセキュリティの1つの側面に過ぎませんが，近年の情報化が進むなか，ますます情報セキュリティの重要性が増しています．

2.1.2　情報セキュリティとは

　では，情報セキュリティとはなんでしょうか．国際標準である「情報セキュ

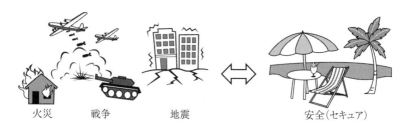

火災　　　戦争　　　地震　　　　　　　　安全(セキュア)

図 2.1 広義のセキュリティのイメージ

リティ・マネジメントシステム」[1]では次のように定義されています.

　「情報の機密性，完全性，可用性を維持すること．さらに真正性，
　責任追及性，否認防止，信頼性などの特性を維持することを含め
　ることもある」

情報セキュリティの3大特性

　定義では,「機密性」,「完全性」,「可用性」を維持することとあります．これらは
情報セキュリティの3大特性とよばれます．各特性に関して以下に説明します．

- **機密性** (Confidentiality)

  権利を持っていない者が情報の内容を見られないことを指します.

  機密性が破られた例として，パスワード管理の不備やウイルス感染など
  による情報漏えいがあげられます.

- **完全性** (Integrity)

  利用される情報が正しいことを指します.

  たとえば，ハッキングによる WEB ページの改ざんは完全性が破られた
  例です.

- **可用性** (Availability)

  保管されている情報が必要なときに利用できることを指します.

  たとえば，サービス妨害攻撃 (DoS 攻撃)[2]により WEB ページが閲覧で
  きない状態が，可用性が破られた例です.

---

[1] ISMS (Information Security Management System) ISO/IEC 27000 ファミリー/ JIS
Q 27000

[2] Denial of Service 攻撃．同時に多量のアクセスをすることで情報サービスを使用できなく
する攻撃です.

英語の頭文字をとって，情報セキュリティの **CIA** とよばれることがあります．

コラム 2.1　求められる情報セキュリティの特性は異なる

　情報内容とその利用目的，タイミングによって，求められる情報セキュリティの特性が異なってきます．以下に例を示します．

1. 合格発表情報
   合格発表で合格者の受験番号を公開する場合には，**完全性** (合格発表内容に改ざんや誤りがないこと) 及び**可用性** (合格発表時に確実に見られること) が求められます．公開する情報であるため，**機密性**は低くなります．

2. 人事評価情報
   組織内の人事評価のための情報は**機密性** (関係者だけが参照できる) 及び**完全性** (内容に誤りがないこと) が求められますが，半年に一度程度しか評価に利用しない場合には，**可用性**は低くてよいことになります．

3. 特許明細書
   出願から特許広報で公開されるまで，特許明細書の内容は**機密性**が非常に高いと考えられます．公開後は公知の事実となりますので，**機密性**は落ちます (ただし，特許明細書に書いていない技術内容に関しては機密性が高いままです)．いったん特許出願してしまったら，出願内容の変更はできませんので，**完全性**は出願まで高く，それ以降は低くなると考えられます．いつも参照しながら仕事をするわけではないため，**可用性**はそれほど高くないと考えられます．

その他の特性

機密性，完全性，可用性以外の特性について，解説します．

- **真正性** (Authenticity)
  本物であり偽りのないことを確認することを指します．
  たとえば，認証のために顔認証とパスワード認証による 2 要素認証を実施することで，真正性を保証します．

- **責任追及性** (Accountability)

  行動を記録することで追求できるようにすることを指します.

  たとえば, カードゲートや監視カメラで入退室を記録することで, 後から行動を追跡できるようにします. この際, 記録が正確な時刻によるものでないと追跡も責任追及も困難になります.

- **否認防止** (Non-Repudiation)

  後から否認できないような手段を講じることを指します.

  たとえば, 電子署名をつけることで, 本人の認証 (真正性), 改ざん防止 (完全性) が実現できますが, 同時に署名した本人も後から事実を覆すことができなくなります (否認防止).

- **信頼性** (Reliability)

  情報システムなどの操作や処理内容に矛盾がなく, 整合がとれていることを指します.

  情報システムの信頼性を向上するために, 計算機やネットワークを多重化したり, 誤りを検出する手法が取り入れられています.

2.1.3 物理的セキュリティと論理的セキュリティ

別の分類で, 情報セキュリティは「物理的なセキュリティ」と「論理的なセキュリティ」に大別されます[3].

▌ 物理的セキュリティ ▌

物理的セキュリティは, 建物や施設などを物理的に守ることを指します.

具体的な方策としては, 次のような項目があげられます.

- 設備の耐震化 (主に可用性)
- 防火設備及び消火設備の設置 (主に可用性)
- 入退室管理 (IC カードや生体認証システム, 監視カメラ, 人感センサーなど) (主に機密性)
- 電源設備の物理的な保護 (主に可用性)
- 回線の多重化 (主に可用性)

---

[3] ここで述べたもの以外の分類方法もあります.

● 広域バックアップシステム (主に可用性)

▌論理的セキュリティ▐

　論理的なセキュリティは物理的なセキュリティ以外のものを指します．論理的なセキュリティは，以下の3分野に大別されます．

● **システム的セキュリティ**

主にネットワークやシステム開発や運用の観点から，技術的にシステムを守るための手段を指します．

例としては，ファイアウォール，VPN，暗号技術や認証技術，セキュアコーディング手法の導入などがあげられます．

● **管理的セキュリティ**

組織としてセキュリティを守るための方策を指します．

例としては，情報セキュリティポリシーの策定，セキュリティ規則や管理手順書の策定，情報セキュリティ監査，協力会社との機密保持契約の締結などがあげられます．

● **人的セキュリティ**

教育，訓練，雇用などの組織としての人的な側面からセキュリティを守る方策を人的セキュリティとよびます．

例としては，情報セキュリティ研修の実施，標的型攻撃訓練，職員との機密保持契約などがあげられます．

2.2 　情報資産とリスクアセスメント

2.2.1　リスクアセスメントの種類

　情報セキュリティを維持するための手法の1つとして，リスクアセスメントがあります．

　リスクアセスメントには複数の実施方法があり，ここでは，1. ベースラインアプローチ，2. 詳細リスク分析，3. 組み合わせアプローチを紹介します．

(1) **ベースラインアプローチ**

　　自組織の対策基準 (ガイドライン) やチェックシートなどを作成し，それ
　　とのギャップなどを評価分析するもの．

(2) **詳細リスク分析**

　　情報資産を洗い出し，資産単位で価値を定義し，脅威と脆弱性などを識
　　別評価し，詳細にリスクを定量化して評価分析するもの．

(3) **組み合わせアプローチ**

　　(1) と (2) の組み合わせによる評価分析を行うもの．

　これ以外には，「非形式的アプローチ」があり，コンサルタントなどの専門的
で深い知識と長い経験，数多くの実績を持つ者により判断と評価を実施します．
　本書では詳細リスク分析を取り上げ，情報資産の棚卸しとリスクアセスメン
ト，結果の対応について述べます．詳細リスク分析では，保有する情報の価値
と毀損するリスクに関して評価を行い，リスク値の高いものから対応するとい
う考え方です．すべてのリスクに対応することは事実上不可能ですので，現実
的な手法であるといえます．
　図 2.2 にリスクアセスメントの流れを示します．

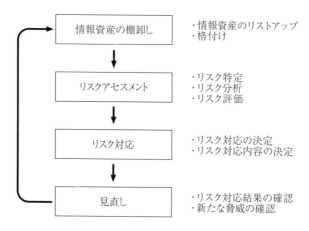

図 2.2　リスクアセスメントの流れ

2.2.2　情報資産の棚卸し

　価値を持った情報すべてを「情報資産」とよびます．さらに，情報そのもの
だけでなく，情報を扱うための機器，媒体，サービスなども情報資産に含めま
す．リスクアセスメントを実施するにあたり，まず保有するすべての情報資産
をリストアップします．

　情報資産の例を次に示します．

- 顧客情報
- 会議の議事録
- パソコン
- サーバ
- スマホ
- USB メモリ
- CD や外付け HDD などの媒体[4]
- 書面 (紙) に記録された住所録など

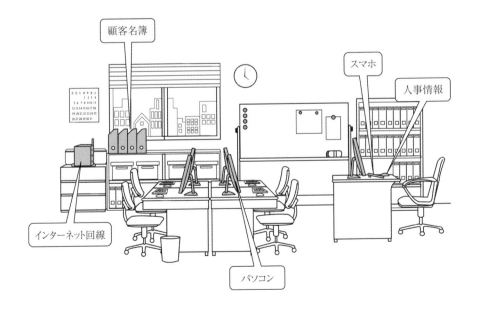

---

[4] 不正使用を避けるため，空の記憶媒体も資産として扱います．

　リストアップされた情報資産は，セキュリティ上のリスクを定量的に評価するため，「機密性」，「完全性」，「可用性」の観点で格付け (数値化) する必要があります.

　表2.1 は，情報資産の棚卸しを実施して作成した情報資産台帳の例です. この例では，1〜3 の3段階評価とし，3 が各観点で最も重要であるとしています. 例では，情報資産の格納場所も合わせて記載しています.

表2.1　情報資産台帳の例

資産名	機密性	完全性	可用性	格納場所
顧客情報	3	2	2	事務所 PC
人事情報	3	3	1	事務所 PC
財務報告書	2	3	1	書類保管庫
顧客情報管理システム	3	2	3	データセンター
人事情報管理システム	3	3	3	データセンター
宣伝用ホームページ	1	1	3	外部委託
業務用パソコン	1	2	2	事務所 PC
インターネット回線	1	1	3	事務室

情報資産の数値化方法

　情報資産の評価のために機密性・完全性・可用性をそれぞれ数値化する必要があります. 影響を明確にするために，数値にはなるべくメリハリをつけます. 3段階にした場合の目安を以下に示します. 各特性が失われた場合の影響度を評価します.

- **レベル3**

  組織の存続や人命にかかわるほどの影響がある.

- **レベル2**

  回復可能であるが，大きな影響がある. 回復までに多大な費用や時間がかかる.

- **レベル1**

  影響は比較的小さい.

　上記のようにリストアップされたものは「情報資産目録」ともよばれます.

2.2.3　リスクアセスメント

　リスクアセスメントでは，情報資産に対して考えられる脅威を洗い出してその発生頻度を推定します.抜け漏れなく脅威を洗い出すことが必要であるため，網羅的にリスクをあげて，各情報資産に対して該当するかどうかを確認する方法がとられます.

　たとえば，情報種別や格納場所によって考えられるリスクをあげておいて，情報資産ごとに発生する可能性 (発生頻度) の評価を実施します.

　手軽に脅威をあげるための手段として，情報処理推進機構が提供している「中小企業の情報セキュリティ対策ガイドライン　第3版」[5] の「付録7　リスク分析シート「脅威の状況」」を参考にするとよいでしょう.表2.2に媒体・保存先ごとの典型的な脅威例を示します.

　なお，上記の「中小企業の情報セキュリティ対策ガイドライン　第3版」では機密性に関する項目が多くリストアップされています.完全性 (改ざん，誤操作，誤削除など) 及び可用性 (物理的・論理的アクセスや利用の停止など) に関しても必要に応じて検討することが必要になります.

脅威の発生頻度の評価方法

　脅威の発生頻度についても数値化します.3段階にした場合の目安を以下に示します.

- **頻度3**
  通常の状態で発生する.いつ起こってもおかしくない.
- **頻度2**
  特定の状態で発生する.年に数回程度発生する.
- **頻度1**
  通常の状態で発生することはない.

---

[5] https://www.ipa.go.jp/security/keihatsu/sme/guideline/

表 2.2　想定される脅威の例

「中小企業の情報セキュリティ対策ガイドライン　第 3 版」を基に作成

媒体・保存先	想定される脅威 (観点)	
書類	秘密書類の事務所からの盗難	(機密性)
	秘密書類の外出先での紛失・盗難	(機密性)
	情報窃取目的の内部不正による書類の不正持ち出し	(機密性)
	業務遂行に必要な情報が記載された書類の紛失	(可用性)
可搬電子媒体	秘密情報が格納された電子媒体の事務所からの盗難	(機密性)
	秘密情報が格納された電子媒体の外出先での紛失・盗難	(機密性)
	情報窃取目的の内部不正による電子媒体の不正持ち出し	(機密性)
	業務遂行に必要な情報が記載された電子媒体の紛失	(可用性)
事務所 PC	情報窃取目的の事務所 PC へのサイバー攻撃	(機密性)
	情報窃取目的の事務所 PC での内部不正	(機密性)
	事務所 PC の故障による業務に必要な情報の喪失	(可用性)
	事務所 PC 内データがランサムウェアに感染して閲覧不可	(完全性, 可用性)
	不正送金を狙った事務所 PC へのサイバー攻撃	(機密性)
モバイル機器	情報窃取目的でのモバイル機器へのサイバー攻撃	(機密性)
	情報窃取目的の不正アプリをモバイル機器にインストール	(機密性)
	秘密情報が格納されたモバイル機器の紛失・盗難	(機密性)
社内サーバ	情報窃取目的の社内サーバへのサイバー攻撃	(機密性)
	情報窃取目的の社内サーバでの内部不正	(機密性)
	社内サーバの故障による業務に必要な情報の喪失	(可用性)
社外サーバ	安易なパスワードの悪用によるアカウントの乗っ取り	(機密性, 完全性, 可用性)
	バックアップを怠ることによる業務に必要な情報の喪失	(完全性)

脅威への対策状況

脅威への対策状況として 3 段階にした場合の目安を以下に示します.

- 対策 3

  対策を実施していない.

- 対策 2

  部分的に対策を実施している.

> ● 対策1
>
> 必要な対策を実施している.

表2.3に顧客情報に関するリスク分析の例を示します. 顧客情報は「事務室PC」に保存されているため, 表2.2の脅威5項目が該当します.

表2.3 リスク分析の例 (顧客情報)

資産名	想定される脅威	観点	重要度	発生頻度	対策状況
顧客情報	情報窃取目的の事務所PCへのサイバー攻撃	機密性	3	1	3
顧客情報	情報窃取目的の事務所PCでの内部不正	機密性	3	3	2
顧客情報	事務所PCの故障による業務に必要な情報の喪失	可用性	2	2	2
顧客情報	事務所PC内データがランサムウェアに感染して閲覧不可	完全性可用性	2	1	3
顧客情報	不正送金を狙った事務所PCへのサイバー攻撃	機密性	3	2	3

例では, 顧客情報のみのリスク分析を実施しましたが, 情報資産台帳のすべての情報資産に対して, リスク分析を実施することが必要です.

2.2.4 リスク評価

情報資産リストと想定される脅威から各情報資産のリスク評価を行います.
リスク値は次の式で表現されます.

$$リスク値 = (資産の重要度) \times (発生頻度) \times (対策状況)$$

表2.3を基にリスク値を計算したものを表2.4に示します.

表2.4　リスク評価

資産名	想定される脅威	観点	重要度	発生頻度	対策状況	リスク値
顧客情報	情報窃取目的の事務所PCへのサイバー攻撃	機密性	3	1	1	3
顧客情報	情報窃取目的の事務所PCでの内部不正	機密性	3	3	2	18
顧客情報	事務所PCの故障による業務に必要な情報の喪失	可用性	2	2	2	8
顧客情報	事務所PC内データがランサムウェアに感染して閲覧不可	完全性可用性	2	1	3	6
顧客情報	不正送金を狙った事務所PCへのサイバー攻撃	機密性	3	2	3	18

2.2.5　リスク対応

　想定される脅威の中で，リスク値の高いものから対応をする必要があります．対応方法としては次の4通りが考えられます．

リスクへの対応方法

- **「低減(適用)」**：対策を実施してリスク値を低減する
  リスク値を下げるような対策を実施する．

- **「受容」**：リスクを認識した上で受け入れる
  現状のままのリスクを受け入れる．ただし，定期的にリスクの状態を監視する．

- **「回避」**：リスクが起こらないようにする
  そもそもリスクが発生しないようにする．たとえば，情報を扱わないようにする．

- 「**移転**」：他のサービスや契約などに移転する

  脅威が発生しても，影響しないようにする．たとえば，自組織のサーバをより安全で強固なデータセンターに保管する．また，個人情報保護保険のように，脅威が発生した場合に金銭的な保証を受けられるようにしておく．

　例で示した「顧客情報」のリスク対応について考えます．ここでは，リスク値が 10 以上の脅威に絞って「低減」を実施し，リスク値がそれ以下の脅威に関しては「受容」する判断をしたこととします．リスク値が 10 以上の脅威 2 つに対しては，次のようなリスク対応が考えられます．

1. 脅威：情報窃取目的の事務所 PC での内部不正
   - 事務所 PC の管理を徹底して，特定の人しか PC に触れないようにする．
   - 定期的にセキュリティ教育を実施し，ルールなどを周知した上で誓約書をとる．
   - 事務所内に監視カメラを設置し，不正行為は記録されることを社員に伝える
2. 脅威：不正送金を狙った事務所 PC へのサイバー攻撃
   - ファイアウォールや IPS などで制御する．
   - 事務所 PC にサイバー攻撃対策ソフトを導入する．
   - 社員のセキュリティ教育を実施し，標的型攻撃と思われる不審なメールなどの対応を徹底してもらう．

　上記はあくまで例ですので，内的な要因 (事務所などの実情) などを考慮して最適なリスク対応を実施することが必要です．また，リスク分析，リスク評価と同様に，「顧客情報」以外の情報資産についてもリスク対応を決定して実施することが必要です．

2.2.6　リスク対応計画

リスク対応では，対応手段を決定しました．手段によっては直ちに実行でき
ず時間のかかる項目もあります．また期待された効果が得られているかについ
ても確認が必要です．

たとえば，次のようなリスク対応の実施計画を立てます．

- 実施体制や責任者を決める．
- 具体的な作業項目を決める．
- 実施に関わるリソースを確保する．
- 実施期限を決めて，その日までに実施したか確認する．
- 数値目標を決めて，達成できたかを確認する．

2.2.7　見直し

リスク対応が確実に実施されたことを確認することが必要です．リスク対応
策の実施の結果，リスク値は本当に低減されているか，リスク対応計画で決め
た数値を基に判断します．　うまく機能していない場合にはリスク対応計画を見
直すことが必要です．

以下のような事象が発生した場合には，リスクアセスメントを再検討するこ
とが必要になります．必要性が認められた場合は，棚卸しし，リスクアセスメ
ントを実施します．

- 保持する情報が増えた，または減った．
- 保有する機器が増えた，または減った．
- 新たな脅威 (外的要因) が発生した．
- 新たな脆弱性 (内的要因) が判明した．

さらに，時間経過とともに，環境も変化するため，定期的なリスクアセスメ
ントの実施が必要になると考えられます．

2.3　セキュリティ情報の収集

　情報技術の進歩や社会の動勢によって，情報セキュリティの事情は日々変化しています．新たな技術が開発されたり新たなサービスが生まれたりすると，それに対する新しい脅威が発生します．また，日々新たな攻撃手法が発見されており，それらも脅威として認識しておく必要があります．

　情報を収集し情報セキュリティに関する脅威を知ることは，セキュリティを維持するための第一歩になります．

　他方，情報セキュリティの脅威を，私たちの目で直接見ることはできません．このため，最新の動向を知るために以下の手段がとられます．

2.3.1　セキュリティ専門機関からの情報

　以下の2つは，セキュリティ専門機関からセキュリティに関して情報を収集し共有しているサイトです．内容は専門的になりますが，情報は早く正確です．

1. JPCERT コーディネーションセンター

   注意喚起 (深刻で影響範囲の大きい情報) や脆弱性関連情報 (ソフトウェアの脆弱性と対策) などの情報を発信しています．

   https://www.jpcert.or.jp/

2. 情報処理推進機構 (IPA)

   ソフトウェアの脆弱性などの重要なセキュティ情報を発信しています．

   https://www.ipa.go.jp/security/index.html

2.3.2　インターネットニュースサイトなどでのセキュリティ報道

　インターネットのニュースサイトではセキュリティに関する情報を集めたサイトやニュースカテゴリーがあり，動向を知るために役立ちます．またセキュリティ関係のソフトウェアを販売している会社からも脆弱性の情報などが発信されています．

　次に主なサイトの情報を掲載します (執筆時点の情報であるため，URL が変更されている可能性があります．参照できない場合にはキーワードで検索してください)．

1. ITmedia News (セキュリティ)

   `https://www.itmedia.co.jp/news/subtop/security/`

2. TREND MICRO 社のセキュリティ最新記事

   `https://news.trendmicro.com/ja-jp/`

3. So-net セキュリティ通信

   `https://prebell.so-net.ne.jp/security/`

4. BIGLOBE ニュースセキュリティ

   `https://news.biglobe.ne.jp/list/008/656/セキュリティ.html`

5. ZDNet Japan セキュリティ

   `https://japan.zdnet.com/security/`

2.3.3　マスメディアでの報道

　上記ニュースサイトなどで提供された情報の中で，特に社会的に大きな影響のあるニュースはテレビや新聞，インターネットの一般向けニュースサイトなどで報道されることがあります．内容は一般向けにわかりやすく噛み砕いて解説されますが，正確でない場合もありますので，興味があれば一次情報をあたったほうがよいでしょう．

2.3.4　情報処理推進機構の刊行物

　以下の 3 つは情報セキュリティに関してまとめて毎年刊行されている出版物です．1 年間の動向がわかるので，動向の把握や振り返りに役に立ちます．

　その時点での最新版を参照してください．

1. 情報セキュリティ 10 大脅威 2023

   1 年間の情報セキュリティの脅威をランキングをつけて解説している報告書です．毎年刊行されますが，2023 年度版は 2022 年の情報セキュリティの脅威をまとめたものです．企業編と個人編に分かれてそれぞれ 10 個の脅威をあげて解説しています．報告書の様式の他に，説明資料 (スライド) 形式の資料も提供されています．

   https://www.ipa.go.jp/security/10threats/10threats2023.html

図 2.3　情報セキュリティ 10 大脅威 2023

2. 情報セキュリティ白書 2023

   情報セキュリティ白書 (文献 [1]) は，その年の情報セキュリティの概要から動向，個別テーマごとの取り組みや解説などを網羅的に掲載しています．一般の書籍として販売されていますが，ホームページから PDF でダ

ウンロードすることもできるようになっています.

https://www.ipa.go.jp/publish/wp-security/2023.html

図 2.4　情報セキュリティ白書 2023

3. 情報セキュリティ読本 六訂版 —IT 時代の危機管理入門—
　情報セキュリティ読本 (文献 [2]) は必要な内容がコンパクトにまとめられ
　ており読みやすい本です.

2.3.5　その他の参考文献

　情報セキュリティの入門書はたくさん出版されています. たとえば, 巻末の
参考文献にあげた [3], [4], [5] があります.

▮ 演 習 問 題 ◢

2.1　セキュリティとは

次の記述で適切なものには○を，不適切なものには×をつけよ.

(1) 情報セキュリティの三大特性は「機密性」「完全性」「再現性」である.

(2) 論理的セキュリティには「システム的セキュリティ」,「管理的セキュリティ」,「人的セキュリティ」が含まれる.

(3) 入退室管理は物理的セキュリティに含まれる.

(4) 情報セキュリティマネジメントシステムとは，系統立ててセキュリティを保つ仕組みである.

(5) 情報セキュリティは米国の CIA が主導的な役割を担っている.

2.2　リスクアセスメント

次の記述で適切なものには○を，不適切なものには×をつけよ.

(1) 情報資産の棚卸しを行うには，情報資産の内容をよく知っておく必要がある.

(2) パソコンなど，情報を扱うための機器やサービスは情報資産に含めなくてよい.

(3) リスクアセスメントでは「想定する脅威」として，よくある事例だけを列挙すればよい.

(4) 新たな情報資産が増えたが，一度完璧にリスクアセスメントを行っているので，見直す必要はない.

(5) リスクアセスメント結果のリスク値が高い脅威から対応を検討すべきだ.

2.3　リスク対応

次の記述で適切なものには○を，不適切なものには×をつけよ.

(1) リスク対応の選択肢として，「低減」,「受容」,「回避」,「移転」がある.

(2) リスク対応の「低減」は，発生頻度を減らすための方策をとることで実現できる.

(3) リスク対応の「受容」は，リスクを受け入れて，何もしないことである.

(4) リスク対応の「回避」は，問題が発生したときになるべく早く解決できるようにすることである.

(5) リスク対応の「移転」は保険をかけてリスクを減らすことを指す.

2.4　セキュリティに関する情報収集

次の記述で適切なものには○を，不適切なものには×をつけよ.

(1) 情報セキュリティに関するニュースで最新の情報を収集しておくことは，セキュリティの基本である.

(2) 情報セキュリティに関しては見ることができないので，インターネットで情報収集しても無駄である.

(3) 日々新しい脆弱性が発見されているが，世の中の動向を知らなくてもソフトウェアをアップデートしてあれば情報セキュリティは大丈夫だ．

(4) テレビや新聞に載るようなセキュリティのニュースは，知っておく必要がある．

(5) IPA の発行する『情報セキュリティ白書』や『情報セキュリティ 10 大脅威』は 1 年間の動向を知るのに役立つ．

「3」 具体的な攻撃手法

どのような状況でセキュリティ事故が発生するか，どのように攻撃が行われるかを知ることで，多くのセキュリティ事故を防ぐことができます．

本章では具体的な攻撃の手法とその対処方法について述べます．

3.1 フィッシングによる個人情報の詐取

3.1.1 概要

フィッシングとは実在する公的な機関や企業のふりをして，クレジットカード番号や ID やパスワードなど重要な情報を詐取する方法の総称です．手段としては，電子メールや SMS (ショートメッセージングサービス) が利用されます．また，電子掲示板や SNS の投稿サイトなどに URL を掲載しリンク先をクリックすることで，いわゆる「フィッシングサイト」に誘導されます．そこで認証情報や個人情報を入力すると，入力した情報はそのまま攻撃者に詐取されてしまいます．

3.1.2 攻撃の方法

1. フィッシングメール

攻撃者は不特定多数の宛先にフィッシングメールを送信します．送付するメッセージは有名な企業や公的機関からのものであるように装います．受信者が緊急に対応をしなければいけない内容を記載し，平常心を失わせるように仕向けます．フィッシングサイトへのリンクをクリックさせて，情報を詐取します．

たとえば，次のような内容のフィッシングメールが確認されています．

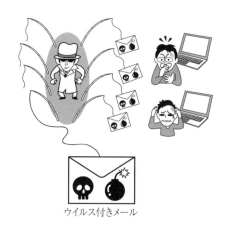

ウイルス付きメール

図 3.1 フィッシング

- 運送会社などを装い，荷物の配達ができなかったため再配達の日付を問い合わせる．

- 有名企業を装い，懸賞やキャンペーンにあたったので，至急連絡先を通知するように促す．

- 金融機関などを装い，決済ができなかったので至急クレジットカード番号などの決済情報を入力するように促す．

- メールサービスを提供している通信業者を装い，メールボックスが満杯なので至急確認することを求める．

- インターネット通販会社などを装い，購入していない品物の偽りの領収書を送付し，確認を促す (実際に振り込みをさせようとしている場合には，架空請求にも該当します)．

- インターネットサービス会社などを装い，ウイルスや不正アクセスの検知などの偽りのセキュリティ警告を出して至急の対応を求める．

- インターネットサービス会社などを装い，利用していないオンライン有料コンテンツの支払いを求める (架空請求にも該当します)．

- ハッカーが利用者のパソコンをハッキングしたことを伝え，支払いを求める (架空請求にも該当します)．

- インターネットサービス会社を装い，利用しているサービスで問題

が発生したため，至急パスワードの変更を求める．

いずれの場合も，受信者に冷静な判断を狂わせるテクニックが使われています．

- よく知っている企業を装い安心させる．
- 本物のロゴやメールアドレスを装い信用させる．
- 重大な事態であることを告げて，平常心でいられなくする．
- 期限を切って対応を求める．

その他，大きなイベントの開催や役所の給付金などを騙る詐欺メールも横行しています．ニュースなどで話題になりますので，注意しておくとよいでしょう．

2. **検索結果の偽りの広告表示**

検索サイトでの検索結果上位に表示される広告でフィッシングサイトが表示される事例が報告されています．

たとえば，検索の上位に表示されたサイトで，キャンペーン価格で購入できるとの触れ込みでフィッシングサイトに誘導され，クレジットカードの情報や，通販サイトの認証情報を入力させます．

有名検索サイトで上位に出た広告であっても安易に信用しないようにしてください．

3.1.3　対応方法 (メッセージ受信時)

メッセージを受け取った場合には，次の対応をします．

1. 内容を確認して，上記に該当するような場合には無視します．
2. メール内容が本物であるか確認します．送信元 (From:) が本物の組織のものであるかどうかを確認します．
3. URL のリンクなどが含まれる場合には，そのリンクが本物の組織の属するものであるかどうかを確認します．HTML メールの表示を解除して確認を行います．
4. メール内容が自分が利用しているサービスで心配な場合には，メールのリンクからではなく，サービスの正式な入り口からログインし情報を確認します．

5. 請求などで心配な場合には，受け取ったメールを添えて本物の企業に問い合わせてみると安心できます．

3.1.4　予防方法

　無作為に送られてくるメッセージに対して，送られてくること自体を防ぐことは非常に難しいことです．事前に電子メールアドレスが必要以上に外部に漏れないようにします．外部に広く漏れてしまった場合には，可能ならば電子メールアドレスを変更することも検討します．

　また，この種のメールをフィルタリングして，表題に [SPAM] といったタグをつけてくれるサービスもありますが，100％完全なフィルタを行うことはできません．最後に判断するのは受信者になりますので，嘘の内容に惑わされないようなリテラシーが求められます．

3.2　スマホ決済の不正利用

3.2.1　概要

　キャッシュレス決済の 1 つであるスマホ決済を不正に利用することで商品を購入したり，連携する銀行口座などから不正に金銭を引き出します．

図 3.2　スマホ決済の不正利用

3.2.2　攻撃の方法

　スマホ決済サービスのアカウントに不正にログインして，正規の利用者になりすますことで不正にサービスを利用します．不正ログインには，過去に漏えいしたパスワードやよくあるパスワードなどを使ったパスワードリスト攻撃が使われます．

　銀行口座とスマホ決済サービスの連携の際の本人確認の手続きの不備を利用して，銀行口座から不正に預金をスマホ決済に引き出す手口も報告されています．

3.2.3　対応方法

1. 不正利用を早期に発見できるように，利用明細を定期的に確認するようにします．
2. 不正利用の疑いのある場合には，決済サービスの提供者に連絡をとり，サービスを停止してもらいます．

3.2.4　予防方法

1. パスワードを推測されないように，パスワードの使い回しはせず，強いパスワードを利用します．
2. 2 要素認証を利用します．
3. スマホ決済提供者を装ったフィッシングメールにも注意します．

3.3　ランサムウェアによる被害

3.3.1　概要

　ランサムウェアはデータやシステムを人質にして身代金 (ランサム = Ransom) を要求するソフトウェア (Malware) という意味の造語です．

　攻撃者はウイルスにより感染した PC やサーバに保存されているデータを暗号化し，利用できなくします．復旧と引き換えまたは，データの暴露を行うと脅迫し，金銭を要求する攻撃です．

図 3.3　ランサムウェア

3.3.2　攻撃の方法

　メールや外部サービスの脆弱性を利用して PC やサーバをウイルスに感染させます．ウイルスはデータを暗号化して，利用できなくします．暗号化の前に攻撃者が窃取したデータを，暴露すると脅す場合も報告されています．

　これは，2 重の脅迫ともよばれています．たとえデータを復元できたとしても，データを暴露（公開）されてしまうリスクが存在します．

　近年，個人よりも多額の支払いの見込める企業を標的にした攻撃が増加する傾向にあります．2021 年には北米のパイプラインを管理する会社がランサムウェアに感染しシステムが利用できなくなったため，大混乱に陥いる事態が発生しました．

3.3.3　対応方法

1. **組織としての対応**

　　CSIRT (コラム 3.1 参照) を通じて被害を把握し，被害を拡大させないようにします．

2. **金銭の支払い**

　　要求された金銭を支払うことは推奨されません．金銭を支払ったとしても，データを復旧してもらえる保証やデータを暴露しない保証がありません．ただし，人命に関わるような場合には，例外的措置として検討する場合もあります．

> ### コラム 3.1 CSIRT とは
>
> CSIRT とは Computer Security Incident Response Team の頭文字をとったものです．コンピュータ及びネットワークシステム上でセキュリティ事故が起こった場合に，被害を最小限に留めるために作成するチームです．事故が発生した場合には，原因や影響範囲を特定し，素早く対応することが求められます．事故が発生していないときに，ネットワークの監視によって早期発見に努めます．
>
> CSIRT はちょうど「消防団」のような組織だと考えるとイメージが湧きやすいと思います．普段は別の仕事をしていますが，何か事故が発生した場合に出動し，事故の処理にあたります．
>
> 最近では，多くの組織で CSIRT を準備するようになりました．組織の責任者や情報システムの担当者だけでなく，各部署の担当者，庶務担当者，広報担当者など現場に詳しい人員で構成することが必要です．

3.3.4 予防方法

1. **データのバックアップ**

   定期的なデータのバックアップを取得しておくとシステムの復旧が迅速に行えます．

2. **組織としての情報リテラシーの向上**

   セキュリティポリシーの策定，従業員のセキュリティ教育の実施

3.4 標的型攻撃による機密情報の窃取

3.4.1 概要

標的型攻撃とは，一般企業や官公庁などの組織を狙って機密情報の窃取を目的として行われる攻撃です．組織的な犯行グループにより実行される攻撃で，攻撃を受けたことに気づくのが遅くなるケースも多く発生しています．

3.4.2 攻撃の方法

攻撃方法として複数の入り口が確認されています．

1. **メール**

   メールなどに添付したウイルスを開かせたり，メールの URL 経由で悪意

標的型攻撃のイメージ

図3.4　標的型攻撃

のある WEB サイトに誘ったりすることで組織内の PC をウイルス感染させることで，外部から遠隔操作できるようにします．

2. **外部サービス**

組織が利用するクラウドサービスや WEB サーバの脆弱性を利用して不正アクセスし，認証情報を入手し組織内の PC やサーバに侵入します．

　いずれの場合にも，組織内の PC に侵入すると，そこを起点として，脆弱性を利用しながら組織内の他のシステムを次々と探索します．最終的には機密情報を外部に持ち出したり金銭を要求する場合もあります．

　攻撃は綿密な調査に基づき，長期にわたって行われます．さらに，情報セキュリティに関する守りの弱い子会社や関連会社を経由して攻撃が行われる場合もあります．サプライチェーン攻撃とよばれます．

3.4.3　対応方法

　組織全体のセキュリティ対策を徹底することが必要になりますが，広範囲の対応が求められます．

1. **早期発見**

   組織内のネットワークに普段とは違う通信が行われていないかを監視するため，ネットワーク監視体制の強化が必要です．

2. **インシデント対応**

   CSIRT によるインシデント対応，影響範囲及び原因の追求，対策の強化

3.4.4 予防

標的型攻撃の予防のためには，日頃から組織としてセキュリティに配慮し準備しておくことが求められます．具体的には，次のような事項が考えられます．

1. **情報収集**

   被害を防ぐために，継続的に情報セキュリティに関する情報を収集し構成員に注意喚起します．

2. **技術的なセキュリティ強化**

   情報システムやネットワークシステム全体のセキュリティを強化します．特に，侵入されることを前提に組織内のセキュリティを強化します．

3. **組織としての情報リテラシーの向上**

   組織として情報セキュリティに対する意識を高めることが必要です．具体的には，情報セキュリティポリシーを策定したり，組織構成員のセキュリティ教育を実施します．

4. **標的型攻撃に対する訓練**

   標的型攻撃を模したメールを組織構成員に送ることで，標的型攻撃メールに騙されないような訓練を実施します．

3.5 サプライチェーン攻撃

3.5.1 概要

現代社会では，産業は商品の企画，原材料の調達，生産，物流，販売など一連のプロセスから構成されており，1社で完結することはありません．何らかの協力関係のある会社が存在し，互いに依存しながら成り立っています．これら

一連の流れは「サプライチェーン」とよばれます．物の生産だけでなく，形の
ないサービスやソフトウェアの提供に関してもサプライチェーンは存在します．
また，国際化が進む現代では，サプライチェーンには国内だけでなく，国外の
取引先も含まれます．

　これらの依存関係の中で，セキュリティの弱点を持った会社を狙って攻撃を
仕掛けることを「サプライチェーン攻撃」とよびます．小さな会社でセキュリ
ティに弱点があるケースが狙われ，そこを拠点として取引先の会社に攻撃を広
げる手口がとられます．

3.5.2　攻撃の方法

標的とする会社の取引先，委託先などを狙う攻撃

　標的として大企業を狙う場合，大企業はセキュリティがしっかりしていること
が多いため，その取引先や委託先などを狙って攻撃を仕掛けます．特に子会社
や海外にある取引先などを狙って機密情報を窃取する手口が用いられています．

3.5.3　対応方法

　他の攻撃と同様に，早期発見，確実なインシデント対応が必要となりますが，
原因や影響範囲は自社内に留まらないため対応は難しくなります．

1. **委託先会社との協力**

　　原因の解明と対応方法の決定には，関係先との協力が不可欠です．経営
　　者の判断で協力会社と対応体制を構築する必要があります (本来は，あら
　　かじめ連絡体制やインシデント対応体制を構築しておくことが望ましい
　　と考えます).

2. **第三者への協力依頼**

　　複数社にわたる対応が必要になるため，セキュリティに詳しい第三者に
　　インシデントの解決の支援を依頼することも必要になります．

3.5.4　予防

　サプライチェーン攻撃に対しては，委託先に関してもセキュリティ対策を依
頼することが必要になります．特に機密情報を共有する仕組みを持つ場合には，

その管理方法に関して委託元でチェックすることが重要になります.

1. **委託先の評価**

   業務を委託する場合に, 委託先のセキュリティの状況を把握しておくことが重要です. たとえば, 情報セキュリティのための仕組みを持っているか, Pマークや ISMS の認証を取得しているかなどを確認しておくことが必要になります. もし情報セキュリティの状況が期待通りでない場合には, 改善を求めたり取引をしない選択肢も視野に入れて検討します.

2. **委託先との契約**

   業務と機密保持の契約を締結します. 機密情報の管理や, 保管方法, 廃棄までの一連の流れについて事前に具体的に取り決めておきます. 委託先がさらに別の会社に委託する「再委託」の有無も確認が必要です.

   また, 責任範囲や万が一の場合の補償の方法などについても決めておきます.

3. **委託先とのやりとり**

   業務を実施する際には, 委託先と機密情報のやりとりは, 事前に取り決めた方法を用います. 情報システムを利用する場合には, 委託先で誰が操作しているのかを把握できるようにしておくと, 責任の所在が明確になり抑止力にもなります.

4. **委託先の監査**

   委託先で機密情報が正しく扱われているかどうかを確認するため, 定期的に委託先の監査を実施することが望まれます. 実地の監査が難しい場合には, チェックリストを渡して実際の状況を記載してもらいそれを確認をするだけでも効果があります.

演 習 問 題

3.1 フィッシングメール

次の記述で適切なものには○を，不適切なものには×をつけよ．

(1) フィッシングメールとは，不特定多数の宛先に送られる詐欺メールである．

(2) フィッシングメールは架空の組織からのメールであることが多い．

(3) フィッシングメールは魚釣に誘う手口で騙す詐欺メールである．

(4) インターネットの検索でフィッシングサイトが表示されることもあるので注意が必要だ．

(5) フィッシングメールの標的にならないようにするには，メールアドレスなどを必要以上に公表しないようにするべきだ．

3.2 スマホ決済の不正利用

次の記述で適切なものには○を，不適切なものには×をつけよ．

(1) スマホ決済を悪用されないために，安易なパスワードを設定しないようにすべきである．

(2) 不正利用を早期に発見できるように，利用明細を定期的に確認したほうがよい．

(3) スマホ決済を悪用されないために，多要素認証を利用したほうがよい．

(4) スマホ決済で不正利用されても，運営会社の保険があるので利用者の責任が問われることはない．

(5) スマホ決済と銀行口座が連携していると，銀行口座から不正に引き出される場合もある．

3.3 ランサムウェア

次の記述で適切なものには○を，不適切なものには×をつけよ．

(1) ランサムウェアはパソコンやサーバのデータを使えなくする（「人質」にする）攻撃手法である．

(2) ランサムウェアはイスラエル人のランサム・ブラックが 2018 年に開発した攻撃手法である．

(3) ランサムウェアによってデータが暗号化されてしまったら，攻撃者から要求された金銭を支払うことで，必ず元に戻してもらえる．

(4) ランサムウェアはウイルスと同じ仕組みで感染させることが多いため，感染しないために同じ注意をしておくとよい．

(5) データのバックアップをとっておくとランサムウェアで暗号化されても復旧が早い．

(6) ランサムウェアが発見された場合には，直ちに組織のセキュリティ担当者に連絡して，他の部署の被害を防ぐべきだ．

3.4　標的型攻撃

次の記述で適切なものには○を，不適切なものには×をつけよ．

(1) 標的型攻撃は特定の組織を狙って機密情報を窃取する攻撃である．

(2) 専門家グループによる組織的な攻撃が実行されるので，標的型攻撃を防ぐ手段はない．

(3) 標的型攻撃を防ぐことはセキュリティ担当者の仕事なので，従業員のするべきことはない．

(4) 標的型攻撃の防止のために，標的型攻撃を模したメールを組織の構成員に送る訓練が行われている．

(5) 標的型攻撃メールは実際の組織を装ったメールで，ウイルス感染や悪意あるサイトに誘導することを目的に送られてくる．

(6) 標的型攻撃メールが届いた場合には，直ちに組織の情報セキュリティ担当者に知らせるべきだ．

「4」 セキュリティ技術

第4章では，情報セキュリティに関連する技術や，その基礎となっているネットワーク技術について説明します．

4.1 インターネットの仕組み

本節では，ネットワークの防護技術を説明するため，現在使われているインターネットの仕組みを簡単に説明します．

4.1.1 インターネットの構造

インターネットは「ネットワークのネットワーク」とよばれることもあります．インターネットの特徴は次のようなものです．

- 各社の提供するネットワーク同士をつないだネットワーク
  サービス提供会社 (ISP) のネットワーク同士を接続して構成されます．したがって，インターネットを統括して運営する会社はありません．
- パケット通信技術を基礎としている
  パケット通信 (4.1.3項参照) によって，回線の利用効率を向上し安価に通信インフラを構築することができるようになります．また，通信の保証はしないものの，冗長化技術などにより信頼性をあげる工夫が取り込まれています (通信を100％保証することに対して，ベストエフォート型とよばれます)．
- 世界標準となる通信技術の採用
  階層的なアーキテクチャである OSI モデルが使用されています．階層ごとの通信規約 (プロトコル) が標準化され，多くのベンダーが製品を自由に開発できるようにしたことで，低価格化が実現されています．

通信の標準については, IETF (Internet Engineering Task Force) によって維持, 更新されています.

インターネットは複数のネットワークが相互接続されたネットワークとして構成されています. 図 4.1 にインターネットの仕組みを示します.

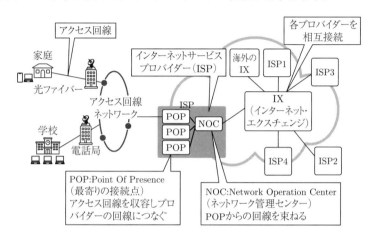

図 4.1 インターネットの仕組み

「インターネットサービスプロバイダー (ISP)」は利用者にインターネットへの接続を提供する組織です.「インターネットエクスチェンジ (IX)」は ISP 同士を接続する場所 (施設) です.

図 4.2 にスマホ及び携帯電話からインターネットにアクセスする場合のイメージを示します. 携帯会社の保有する携帯電話通信網を経由してインターネットに接続されます.

4.1.2 OSI 参照モデル (ネットワーク階層)

現在使われているネットワークは国際標準化機構 (ISO) の定めた「開放型システム間相互接続 (Open Systems Interconnection, OSI)」に基づいて設計されています. OSI 標準では通信機能は, 表 4.1 に示す 7 階層 (レイヤ) に分割して実装されています.

レイヤに分割して実装することで次のようなメリットが生じます.

- 各レイヤの実装を独立して行える

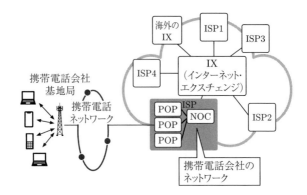

図 4.2 スマホ及び携帯電話からのインターネットのアクセス

● 各レイヤを別のものと入れ替えることができる

たとえば，有線と無線はデータリンク層が異なりますが，その上のレイヤは同じものです．

表 4.1 OSI の 7 階層

階層	階層名	説明	例
第 7 層	アプリケーション層	通信サービス	WEB ページ (HTTP) 電子メール (SMTP) ファイル転送 (FTP)
第 6 層	プレゼンテーション層	データの表現方法	文字コードの変換
第 5 層	セッション層	通信の開始から終了までの手順	接続の回復手順
第 4 層	トランスポート層	ネットワークの端から端までの通信制御	TCP, UDP (エラー訂正，再送制御など)
第 3 層	ネットワーク層	ネットワークにおける通信経路の選択	IP プロトコル (データ中継)
第 2 層	データリンク層	直接接続されている通信機器間の信号の受け渡し方法	Ethernet
第 1 層	物理層	物理的な接続の規格	物理的なケーブルの規格 (ツイストペア，光)

4.1.3 IP ネットワークの仕組み

第3層のネットワーク層に関して説明します.

■ パケット通信技術 ■

パケット通信技術が使われる前には，回線交換の仕組みが使われていました．図4.3に回線交換の仕組みを示します.

保有するケーブルの中で利用していない回線を選択し，交換機のスイッチを切り替えることで，通信相手との通信回線を一時的に確保します．確保した回線を通じて通信が行われます．通信が終了するまではその回線を保持し，終了時に開放します.

回線を占有できますので，複雑な制御が不要ですが，通信中は常に回線を確保しているため，通信内容によっては効率が悪くなります．たとえば，電話の場合，何も話していない無言の時間も回線が占有されています.

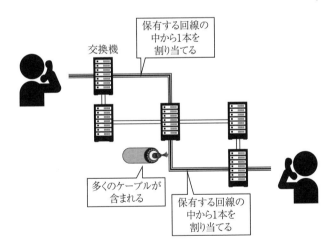

図 4.3 回線交換によるデータ伝送の仕組み

これに対して，パケットによるデータ転送の仕組みでは，より効率的にデータ伝送が可能になります．例として，IP プロトコルの例を図4.4に示します.

次の手順でデータが転送されます.

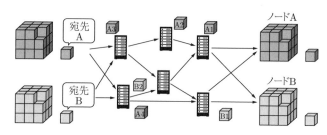

・パケットが一部紛失する場合がある (パケットロス)
・送った順番に届く保証がない

図 4.4　パケットによるデータ転送 (IP プロトコル)

1. データを一定の長さに分割し宛先をつける (IP パケット)
2. 宛先情報を見て，IP パケットがネットワーク上を転送する
3. 届いた IP パケットを組み立てて，元のデータに復元する

回線交換に比べて処理が複雑になります．通信回線を占有することがないため，回線の利用効率が向上します．また，経路上で障害が発生した場合にも動的に経路を変更することで回避することが可能になります．

図 4.5 に経路上に障害が発生したときの動作を示します．次のような動作をします．

- 途中経路に障害が発生しても，別経路でパケットを送り届けることができる
- パケットが届かなかった場合は，送り元に再送を要求することができる (必要ない場合には，再送要求しない場合もある)

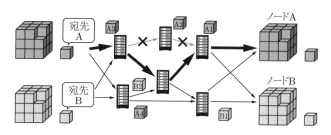

図 4.5　経路上に障害が発生したときの動作

IP アドレスとその管理

IP ネットワーク上でコンピュータを認識するために，IP アドレスが使用されます．IP アドレスはすべてのコンピュータに対して，インターネット上で一意になるように割り付けられます．

IPv4 では 32 ビットデータとして次のように表記されます．

- 8 ビット (0〜255) ごとに 4 つに区切る
- その値を十進表記する
- 「.」で挟んで並べて表示する

図 4.6 に IP アドレスの表記例を示します．例では，上位 16 ビットはネットワーク部とよばれ，コンピュータが所属するネットワークの番号になります．下位 16 ビットはホスト部とよばれ，ネットワーク内のコンピュータ固有の番号を示します．

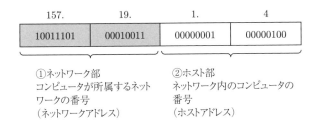

図 4.6 IP アドレスの表記例

ネットクラスとサブネットマスク

IP アドレスは申請を行うことで，インターネットに接続する組織に払い出されます．日本国内では，日本ネットワークインフォメーションセンター (JPNIC)[1] が管理しており，組織の規模に応じて，表 4.2 のようなクラスが割り当てられました．ただし，IPv4 の IP アドレスの枯渇により現在では新規の割り当てを実施しておらず，返却済みのアドレスの再分配を実施しています．

また，枯渇に伴い，上記クラスにとらわれず，より細かい単位で扱う場合が増加しています．

---

[1] https://www.nic.ad.jp/ja/

表 4.2　ネットクラス

クラス	ネットワーク部のビット数	アドレス範囲	最大ホスト数
A	8 ビット	0.0.0.0 - 127.255.255.255	16,777,214
B	16 ビット	128.0.0.0 - 191.255.255.255	65,534
C	24 ビット	192.0.0.0 - 223.255.255.255	254

- **サブネット**

  大きな組織の場合や部署ごとに通信を制限したい場合には，内部ネットワークを分割してサブネットを設定します．たとえば，東京本社と大阪支店に分かれている組織では，それぞれサブネットを設定し，その間はルータ（ゲートウェイ）とよばれる装置を介して接続するようにします．

- **サブネットマスク**

  通信設定を行う際に，「サブネットマスク」の設定が求められることがあります．サブネットマスクは IP アドレスのネットワーク部を判別するために使用されます．ネットワーク部のビットをすべて「1」に，ホスト部をすべて「0」にした IP アドレスがサブネットマスクになります．クラス B の場合の例を図 4.7 に示します．

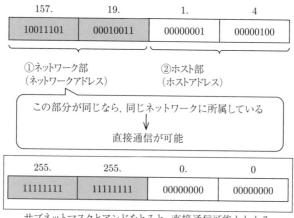

図 4.7　クラス B のサブネットマスク

　サブネットマスクは通信相手が同じネットワーク内にあるかどうかの判別に
使われます．すなわち，IP アドレスとサブネットマスクの論理積をとって同じ
場合には直接通信が行えます．

4.1.4　プライベート IP アドレスとアドレス変換

グローバル IP アドレスとプライベート IP アドレス

　これまで説明してきた IP アドレスはインターネットに直接接続する場合に必
ず設定が必要なものでした．インターネットで有効な IP アドレスは「グロー
バル IP アドレス」とよばれます．これに対して，インターネットに接続しない
ネットワークの場合には，自由に IP アドレスを設定することができます．しか
し，間違えて接続した場合に IP アドレスの衝突が発生するなどの混乱を避ける
ために，自由に利用できる IP アドレスの範囲があらかじめ決められています．
これらは「プライベート IP アドレス」とよばれます．

- グローバル IP アドレス

  インターネット上で利用する IP アドレス

- プライベート IP アドレス

  - 組織内のネットワークなどで自由に利用できる IP アドレス
  - 利用できるアドレス範囲があらかじめ決められている
  - インターネットと直接の通信はできない
  - インターネット接続にはアドレス変換などを用いる必要がある

表 4.3　プライベート IP アドレス

クラス	アドレス範囲
A	10.0.0.0 - 10.255.255.255
B	172.16.0.0 - 172.31.255.255
C	192.168.0.0 - 192.268.255.255

アドレス変換 (Network Address Translation, NAT)

　プライベート IP アドレスを使って構築したネットワークからインターネット
と通信を行うために，アドレス変換 (Network Address Translation, NAT) が
使われます．

図 4.8 にアドレス変換の仕組みを示します.

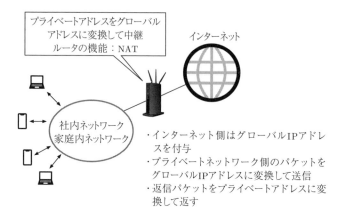

図 4.8 アドレス変換

4.1.5 IP アドレスの動的な割当て (DHCP)

IP アドレスを機器に手動で割り当てる煩わしさや設定ミスの解消のために IP アドレスの動的な割当て (DHCP) が使われます. 図 4.9 に DHCP の仕組みを示します.

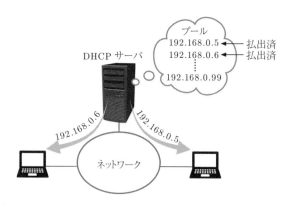

図 4.9 DHCP の仕組み

次のような仕組みで割り当てが行われます.

1. あらかじめ DHCP サーバにネットワークで割当可能な IP アドレスを
   プールしておく.
2. DHCP を利用するようにパソコンを設定する (あらかじめ設定されてい
   る場合もあります).
3. パソコンがネットワークに接続した時点で, DHCP サーバは未割当 IP
   アドレスを払い出す. 同時にゲートウェイアドレスやサブネットマスク
   などネットワーク接続に必要な情報も伝える.
4. パソコンは DHCP サーバから受け取った情報を自動設定する.
5. 一定時間たったら, 払い出した IP アドレスを未割当てにする.

また, DHCP では使用していない IP アドレスは有効期限が来ると自動的に
回収されて再割り当てされますので, 限られた IP アドレスの有効利用にもなり
ます.

4.1.6　MAC アドレス

MAC (Media Access Control) アドレスはネットワーク機器に製造時に割り
振られた機器固有の番号です. たとえば, 有線と無線 LAN の両方を持つ機器で
は, 有線 LAN 用に 1 つ, 無線 LAN 用に 1 つ MAC アドレスが割り振られてい
ます. また, スマホも無線 LAN 用の MAC アドレスが割り当てられています.
MAC アドレスは, データリンク層の通信の際に用いられます.

MAC アドレスは 48 ビットの数値から構成されます. 16 進 2 桁 (8 ビット)
ごとに「-」または「：」で区切って表記します. 図 4.10 に MAC アドレスの例
を示します.

00-23-A4-5F-43-21　or　00:23:A4:5F:43:21

↓

メーカ識別子 (OUI: Organizationally Unique Identifier)

図 4.10　MAC アドレスの例

MAC アドレスは世界中でユニークになるように割り当てられます. 上 24
ビットはメーカ識別子 (OUI：Organizationally Unique Identifier) とよばれ,
製造会社に払い出されます. 下 24 ビットは製造した機器固有の番号を製造会社

で割り付けます.

MAC アドレスはネットワーク接続時に機器の簡易な認証にも用いられます. 事前登録のため, MAC アドレスを知ることが必要になります. ネットワークカードなどの機器には MAC アドレスを示すシールが貼ってありますが, ノートパソコンなどは OS 上から確認するほうが手軽です. 図 4.11 に Windows 11 の MAC アドレスの確認方法を示します.

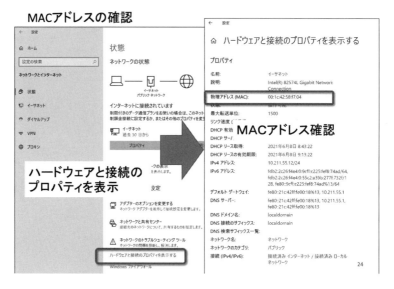

図 4.11 Windows の MAC アドレスの確認方法

また, MAC アドレスの OUI の登録状況は, それを管理する米国電気電子学会 (IEEE) のサイト[2] で検索することができます. ネットワーク上を流れる情報 (Ether Frame) から OUI を抽出すると, ネットワーク機器の会社がどこであるかを知ることができます. 図 4.12 に MAC アドレス (OUI) 検索画面例を示します.

---

[2] https://regauth.standards.ieee.org/standards-ra-web/pub/view.html#registries

図 4.12　MAC アドレス (OUI) 検索画面例

4.1.7　名前解決システム (DNS)

　ドメイン名については，すでに 1.5.2 項でも説明しました．インターネット上に公開するサーバの名前としてドメイン名が使用されます．

　ドメイン名は階層構造 (ドメインツリー) の管理がされており，ICANN (Internet Corporation for Assigned Names and Numbers) で全世界のドメイン情報の管理をしています．

　図 4.13 にドメイン名の階層ツリーのイメージを示します．

　実際にインターネット上のサーバにアクセスするためには，その IP アドレスを知ることが必要です．このため，ドメイン名から IP アドレスに変換する必要があります．このための仕組みが名前解決システム (Domain Name System) です．

　DNS サーバは名前解決のために階層ツリーを辿って問い合わせを行います．図 4.13 に示すように www.example.co.jp の IP アドレスを知るためには次の順序で問い合わせを行います．

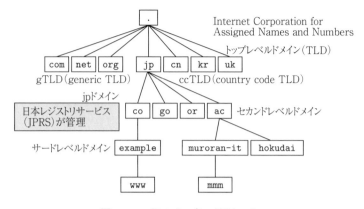

図 4.13　ドメイン名の階層ツリー

1. トップレベルドメイン (TLD)
2. jp (ccTLD)
3. co (セカンドレベルドメイン)
4. example (サードレベルドメイン)

　最後に example.co.jp のサードレベルドメインの DNS サーバから，www.example.co.jp の IP アドレスに関する情報が提供されます．

4.2　ネットワークセキュリティ

4.2.1　ネットワークの防護技術

▌ファイアウォール (Fire Wall, FW) ▌

　ファイアウォールはゾーンでセキュリティを防御するという考え方に基づいています．すなわち，外部ネットワークは危険 (信用できない) なのに対して，内部ネットワークは安全 (信用できる) と考えて，その間に関所の役割をする装置 (ファイアウォール) を設置します．実際には，ファイアウォールは組織や会社などのインターネットの接続口に設置されます．また，家庭用の無線 LAN ルータなどの通信機器にも簡易なファイアウォール機能が実装されています．

　図 4.14 にファイアウォールの概念図を示します．ファイアウォールでは，選

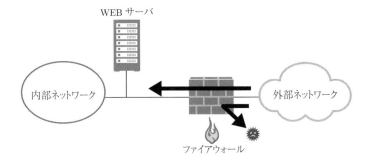

図 4.14 ファイアウォール

択的に通信の許可・拒否を設定することができます．必要のない通信は拒否し，必要な通信のみを許可することで，外部からの攻撃を低減することができます．ただし，許可している通信の範囲で攻撃が実施された場合，ファイアウォールは無力です．ファイアウォールは最低限の備えと捉え，置いておけばすべて安全というわけではないことに注意してください．

コラム 4.1　パソコンのファイアウォール機能

パソコンにもファイアウォール機能が実装されています．

- Windows:
  「設定」→「ネットワークとインターネット」→「Windows ファイアウォール」

- macOS:
  「システム環境設定」→「セキュリティとプライバシー」→「ファイアウォール」

いずれも，当該パソコンと外部のネットワークとの通信の許可，拒否を設定することができます．利用するアプリケーションによって通信の要求が異なるので設定を間違えると正常に動作しなくなるおそれがあります．利用には注意が必要です．

ファイアウォールは，通信レイヤの第 5 層 (セッション層)，第 4 層 (トランスポート層)，第 3 層 (ネットワーク層) のパケットを検査して通信を許可するかどうかを制御します．制御のためにはどのような通信を通してどのような通信を許さないかをルールとして決めることが必要です．たとえば，ルールには次のようなパラメータが利用されます．

- 送信元 IP アドレス及び通信ポート番号
- 送信先 IP アドレス及び通信ポート番号
- プロトコル種別 (TCP, UDP, ICMP など)
- アクション (許可，拒否，記録など)

図 4.15 にルールの例を示します．外部から WEB サーバへの 80 番ポートの通信を許可していますが，それ以外の通信は拒否しています．このため，22 番 (SSH) ポートでのアクセスが拒否されています．

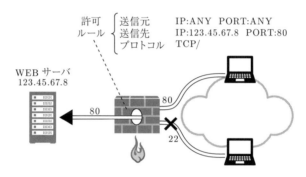

図 4.15 ルールの例：外部からの 80 番ポートの通信を WEB サーバだけに許す．

上記は「ホワイトリスト方式」とよばれるアプローチで，通信を許可するためのルールを記述する方式です．逆に「ブラックリスト方式」では通信を許可しないルールを記述します．

また，実際のファイアウォールでは，両方を組み合わせたルールが記述できるようになっている製品があります．たとえば，ホワイトリストに載っているルールに適応する通信は許可し，それ以外の通信の場合にはブラックリストと照合し，ブラックリストに載っていなければ許可するルールがとられます．この場合，両方のリストに載っている通信はホワイトリストが優先され許可されます．

ウエブ・アプリケーション・ファイアウォール (WAF)

「ウエブ・アプリケーション・ファイアウォール (WAF)」は，通信レイヤの第 7 層 (アプリケーション層) の内容を確認して通信の許可または不許可などのアクションを決めます．通常のファイアウォールはセッション層までの判断になりますが，通信内容に踏み込んだ，より高度な通信の制御が可能になります．

たとえば，WEB サーバへの攻撃などのパターンを検出して，該当する通信だけを遮断することや，複数サイトをまたいだ脆弱性を利用した「クロスサイトスクリプティング攻撃」などの遮断が可能です．また，外部に URL と関連付けたカテゴリや危険度などのデータベースを利用して WEB ページのフィルタリングなどを行います．

▌非武装地帯 (DMZ) ▌

　外部との通信を行うサーバは常に危険に晒されています．このため，監視を強化し，内部のセグメントの安全性を確保する目的で，特別なネットワークセグメントを設置することがよい設計とされています．これは，軍事的緊張のある国境に緩衝帯をおいて，戦闘行為が行われないように互いに監視することに倣って，非武装地帯 (DMZ) とよばれます．

　DMZ の概念図を図 4.16 に示します．たとえば，外部ネットワークからのアクセスが必要な WEB サーバやメールサーバは DMZ に設置します．ファイアウォールの機能により，外部ネットワーク及び内部ネットワークと DMZ との通信を必要最低限に絞ります．この構成では，仮に DMZ に設置したサーバに外部から侵入があったとしても，内部ネットワークまで侵入が進むことを防ぐことができます．また，DMZ セグメントのセキュリティ監視を強化することで，侵入などを早期に発見する手助けとなります．

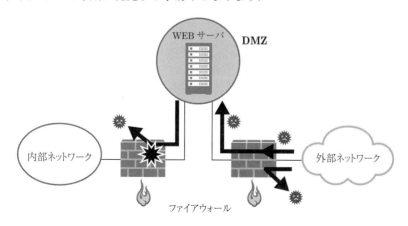

図 4.16　非武装地帯 (DMZ)

▌ **サーバの要塞化** ▌

　サーバなどを構築する場合には，ウイルスや外部からの侵入を防止するため，「要塞化」を行うことがあります．要塞化といっても攻撃に備えて武器を用意するわけではありません．むしろ，利用するソフトウェアを最低限にし，脆弱性に対する耐性を向上させることを目的としています．主に，次のような手法がとられます．

1. **不要なサービスを止める**

   外部からの脅威を減らすために，OS インストール時に導入されているサービスで，不要なものを止めます．

2. **不要なファイル，プログラムの削除**

   ソフトウェアの脆弱性を減らすため，必要最低限のソフトウェアのみを導入することとし，使用していないプログラムは悪用されることを防ぐために削除します．

3. **アクセス制御**

   ネットワークからの意図しない攻撃を避けるため，サービスに必要なコンピュータからのアクセスのみを許可します．

4. **ユーザとアクセス権管理**

   必要なユーザのみを作成し不要なユーザは削除します．またサービスに必要なファイルやコンピュータ資源にのみアクセスを許可します．

5. **セキュリティパッチの適用**

   OS やアプリケーションへセキュリティパッチを適用することで，脆弱性を狙った攻撃を防ぎます．

6. **パスワード管理**

   不正利用を防ぐために，ユーザのパスワードを強固なものとし，定期的に見直しを実施します．

7. **ログ管理**

   不正なアクセスやユーザによる不正な操作が行われていないか，実行ログを定期的に確認します．

8. **セキュア OS の導入**

セキュア OS はセキュリティを強化した OS です．セキュア OS の機能を利用することで，たとえばウイルスなどの不正なプログラムの実行を許さず，サーバのセキュリティが大幅に向上します．

コラム 4.2　セキュア OS とは

セキュア OS はセキュリティを強化した OS です．管理者権限での任意の書き換えや，プログラムの想定された動作以外を禁止することができます．Linux 用のセキュア OS としては次のものが有名です．

- SELinux http://selinuxproject.org/page/Main_Page
- AppArmor https://en.opensuse.org/SDB:AppArmor
- TOMOYO Linux http://tomoyo.osdn.jp/

ゼロトラストシステム

ゼロトラストシステムは，近年クラウドシステムなどの利用が増加し，内部・外部といったネットワークの境界が不明確になったため，新たなセキュリティの考え方として登場しました．ゾーンで防護するのではなく，内部ネットワーク内も信頼できないものとして設計するネットワークシステムはゼロトラストシステムとよばれます．図4.17 にゼロトラストシステムのイメージを示します．

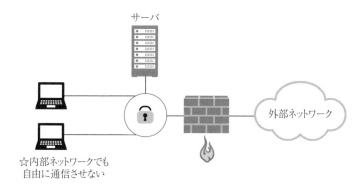

図 4.17　ゼロトラストシステム

次のような観点での確認を行います.

- 許可されたユーザによるアクセスか
- 不審な振る舞いはないか
- 通常と異なる場所や端末からのアクセスではないか
- 利用しているネットワークや外部サービスは安全か

これらを実現するため,さまざまな製品が実用化されています.

コラム 4.3　クローズドネットワークとオープンネットワーク

ネットワークセキュリティでは,大きく分けて「クローズドネットワーク」と「オープンネットワーク」とがあります.近年ではクラウドサービスが広く普及していることもあって境界が曖昧になってきています.各利用者はそれぞれの持つ特性(利便性だけでなくリスクの面からも)を十分に理解して選択し,適切なルールを制定して周知教育する一方,技術的対策を行う必要があります.

1. クローズドネットワーク

   組織内のプライベートネットワーク (イントラネットワーク) などはクローズドネットワークとよばれ,機密情報を組織内で制限することができます.この場合は,USB 経由などでの間接的情報漏えいや内部不正による犯罪以外は情報漏えいの危険性は原則ありません.防護技術としては,アクセス権の付与と制限 (多要素認証など) ,USB や外部書き込み機器の接続制限や監査ログの監視などがあります.

2. オープンネットワーク

   インターネット経由で直接または間接的に組織の外部と接続するホームページや EC サイトなどはオープンネットワークとよばれます.社外の不特定多数と接続可能であるため外部からの不正アクセスやホームページ改ざん,ウイルス感染やサイバー攻撃などを受ける可能性があります.防護技術としては,上記防護技術に加えて外部との境界にファイアウォールやルータ,WAF, IPS/IDS, UTM などを設置して必要最小限の通信許可設定などを行います.さらにそれぞれのネットワーク機器から得られるログをレビューして対応することや,ウイルス対策ソフトの導入と定期的アップデートスキャン実施,各種脆弱性診断を行い速やかにセキュリティパッチの適用などを行う必要があります.

4.2.2 ネットワークの監視

ネットワークの監視を行うことで，早期に侵入を発見したり，侵入の兆候を発見することが可能になります．

ネットワークトラフィクの可視化システム

ネットワークの通信量及びその内容を人間が見ることはできません．そこで，ネットワークトラフィクの可視化システムが使われます．

- **通信量の可視化**

  図4.18に通信量の可視化例を示します．例では1日の通信量をグラフで表示しています．通常の通信量や通信パターンを把握しておくと，このグラフだけでも異常な通信が行われていないかを把握できる場合があります．

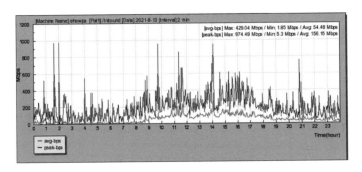

図 4.18 通信量の可視化の例

- **通信内容の可視化**

  通信内容を可視化することで，異常な通信を検知できる場合もあります．図4.19はサイト全体の通信内容の解析結果をリアルタイムに表示したものです．ただし，SSLを使った暗号化通信が行われている場合には，内容の確認はできません．

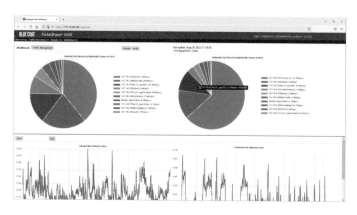

図 4.19　通信内容の可視化の例

- **ログの可視化**

　通常，セキュリティ機器は多量にログを出力します．たとえば，ファイアウォールは通過したネットワークパケットのヘッダ情報をログとして記録し，一定期間 (6 か月以上) 保存します．すべてのログを人間が目視で確認することはできません．

　1 日ごとのログの量に注目し，極端に多くなっていないかどうかを調べることで，明らかな異常が起こっていないかを確認できます．

ネットワーク侵入検知システム (IDS)

　侵入検知システムはネットワークの通信パターンを調べ，異常パターンを発見した場合には警告を出すシステムです．ネットワークを流れる全部 (または一部) の通信パケットをモニターして，内包するデータベース (シグニチャともよばれます) に照らして異常なパターンを検知します．

　図 4.20 にネットワーク侵入検知システム (IDS) の仕組みを示します．

　IDS は警告を出すだけなので，誤検知があっても通信全体に影響を与えません．人間が警告内容を判断してファイアウォールなどの変更を実施しない限り侵入を止めることはできません．このため，人間の判断が遅れると侵入を許すことになります．また，ネットワークの通信をすべてモニタするような場合には，強力な計算能力が必要になります．

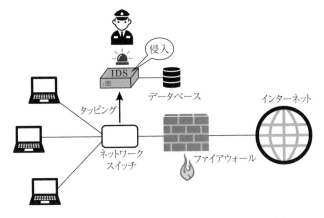

図 4.20　ネットワーク侵入検知システム (IDS) の仕組み

オープンソースソフトウェアの IDS としては Snort[3]が有名です.

▌ネットワーク侵入防御システム (IPS) ▌

ネットワーク侵入防御システム (IPS) は IDS と同じ仕組みで異常を検知しますが, 異常を発見した場合に警告を出すことに加えて, 該当する通信パケットの伝送を止めることもできます.

図 4.21 にネットワーク侵入防御システム (IPS) の仕組みを示します.

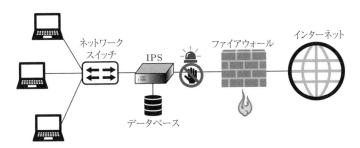

図 4.21　ネットワーク侵入防御システム (IPS) の仕組み

IPS はその場で通信の流れを止めるため, IDS に比べて即効性があります. しかし, 誤検知があった場合には通信パケットを止めたことによりシステム全体の通信に影響を与える可能性があります.

---

[3] https://www.snort.org/

▊ハニーポット▊

　ハニーポットは，わざと侵入しやすいコンピュータを設置して，ウイルスや侵入者の行動を調べるための「ワナ」です．ネットワーク的に隔離した環境に設置し，他のコンピュータシステムに絶対に影響しないように万全の準備の上で設置します．

　主に，高度な攻撃手法の解析や，ウイルスなどの研究に使用されます．

4.2.3　ネットワークや機器の検査

▊脆弱性検査システム▊

　サーバやパソコンなどにネットワーク経由でアクセスして，ネットワークサービスを提供するために開いているポートを調べたり，わざと異常なパケットを送ってコンピュータの反応を調べるシステムが「脆弱性検査システム」です．ポートスキャンともよばれます．

　自らの管理するネットワークの中で脆弱性を持っているホストがあるかどうか調べることができます．

　主に，次のような使用方法が想定されています．

1. **ホストを発見する**

   IP アドレスの範囲を指定して，活動のあるホストを探すことができます．

2. **ネットワークポートの開放状態を調べる**

   新規で設置したサーバなどで不要なネットワークサービスが提供されていないか調べることができます．

3. **ソフトウェアのバージョンを調べる**

   OS やネットワークサービスを提供しているソフトウェアのバージョンを調べることで，既知の脆弱性を持っているかどうかを知ることができます．

4. **攻撃を試す**

   新しく発見された攻撃パターンを適用し，脆弱性があるかどうか調べることができます．

　ポートスキャンツールの定番はオープンソースソフトウェアの Nmap[4]とよばれるソフトウェアです.

ポートスキャンの悪用禁止

　ポートスキャンをかけることは,攻撃の前段階であるとみなされます.自分の管理しているコンピュータ以外にポートスキャンをしてはいけません.IDS はポートスキャンを検知することができます.

▌改ざん検知システム▐

　コンピュータに侵入してファイルの書き換えが行われたことを検出する仕組みが改ざん検知システムです.たとえば,パスワードの記載されたファイルなど,コンピュータの重要なファイルが書き換えられた場合に検知できるようにしたい場合などに使われます.Tripwire[5]が有名です.

　あらかじめ,ファイルシステムの必要な分のシグニチャを記録しておきます.ファイルシステムをチェックして,シグニチャが変化した部分があれば,改ざんの可能性としてレポートされます.

4.3　ウイルス対策

　コンピュータウイルス (ここでは単にウイルスとよびます) は悪意を持って利用者の期待しない動作をするプログラムを指します.次のような特徴があります.

- **自己増殖**

　　可搬記録媒体やネットワークを経由して,他のコンピュータへ感染します.

- **自己防衛**

　　存在が発覚しないように,自分自身を隠蔽します.

　　たとえば,既存のファイルの一部として感染したりウイルス対策ソフ

---

[4] https://nmap.org/
[5] オープンソース版は https://github.com/Tripwire/tripwire-open-source

トを停止させます.

- **破壊活動**

  データを破壊したりデータを暗号化します. 暗号化して金銭を要求する攻撃は「ランサムウェア」とよばれます.

- **情報漏えい**

  ネットワーク経由でコンピュータに格納されているデータを他にコピーします. パソコンのドキュメントフォルダをアーカイブして P2P ネットワークに流す暴露ウイルスが流行りました.

- **バックドアの作成**

  後で外部からの操作を受け付けるように, 通信手段として裏口 (バックドア) を用意します. 外部からロボットとして働くように設計されたウイルスに感染したコンピュータ群は「ボットネット」とよばれます.

- **潜む**

  コンピュータ内に潜んで時間が来たら何か操作をします.

  たとえば, メッセージや画像を表示したり, 特定のサイトにアクセスして負荷を与えます.

- **勝手に計算処理を行う**

  知らないうちにコンピュータの CPU パワーを使用して, 計算処理をします.

  仮想通貨のマイニングに利用された事例が報告されています.

ただし, ウイルスが上記の特徴をすべて保有しているわけではありません. また, 今後新しい特徴を持つウイルスが登場する可能性もあります.

4.3.1　ウイルスの感染経路

これまで知られている, ウイルスの感染経路は次のようなものがあります.

① **ホームページの閲覧**

  ホームページを閲覧しただけで感染するケースが報告されています. WEB ブラウザは参照した WEB ページの内容をレンダリングして表示します. ブラウザ内でプログラムを実行することで操作性のよいページ

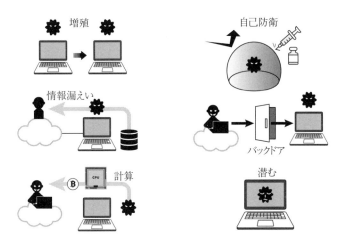

図 4.22　ウイルスの特徴

を作成できるため，プログラムを実行する機能を持っています．WEB
ブラウザのプログラム実行機能に脆弱性があると，それを利用した攻撃
が可能です．

② **メールなどの添付ファイルを開く**

　添付ファイルを開くことで，添付ファイルに含まれていたプログラム
から感染します．

　ファイルを明示的に開かなくても，感染する例が報告されています．た
とえば電子メールのプレビュー機能によってファイルを開くのと同じ効
果が出る場合があります．

③ **USB メモリやメモリカードなどの可搬記憶媒体のファイルを開く**

　メールの添付ファイルと同様の仕組みです．CD-ROM 自動再生機能
など，可搬記憶媒体が挿入されると自動的に実行するような設定になっ
ている場合には，それだけで感染することもあります．

④ **ネットワーク経由で，ダウンロードしたファイルを開く**

　ファイル共有ソフトなどの利用に注意します．

　組織内のファイルサーバや外部の共有サービスなどをアクセスする場
合にも感染の可能性があります．

⑤ **ネットワークからダウンロードしたプログラムを導入する**

　　インターネット上には，不正改造されウイルスが仕込まれたプログラムが多く出回っています．特に，商用ソフトウェアを不法改造し，ライセンス認証を無効にしたソフトが出回っていますが，ウイルスなどが仕込まれている可能性が高いです．

⑥ **ネットワーク経由での感染**

　　ネットワークを経由してコンピュータウイルスを感染させるタイプのウイルスにより発生します．パソコンはネットワークに接続してあると，人間が意識しなくても何らかの通信を行っています．それらの通信を経由して感染が拡がります．

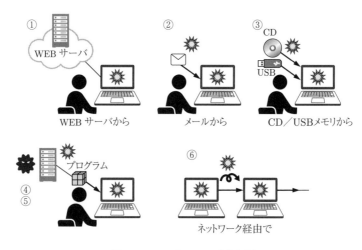

図 4.23　ウイルスの感染経路

　　①は WEB ブラウザの脆弱性を，②～⑤はメールソフト，OS 及びアプリケーションソフトの脆弱性を利用した攻撃です．人間が開くまたは実行することによって引き起こされる感染ですので，注意することで感染の可能性を減らすことが可能です．これに対して⑥は**ネットワークにつないでおくだけで感染してしまいます**．ソフトウェアの更新などの脆弱性対策をするとともに，何らかのウイルス感染が発見された場合には，ネットワークから隔離する措置が有効です．

4.3.2 ウイルス対策

ウイルス対策のためには次の方法を組み合わせます．

1. **脆弱性対策**

OS やアプリケーションで発見された脆弱性に対して，修正をすることがセキュリティ対応の基本です．セキュリティパッチが提供されたら，速やかに適用することが求められます．

他方，商用サービスなどで使用しているコンピュータはサービス継続が必要であるため，即座に停止してセキュリティ対応をできないことがあります．このような場合，発見されている脆弱性の重要度 (深刻度) 及び該当の有無に応じて判断が必要になります．システムの重要度，発生可能性 (頻度) などの情報を基にリスクアセスメントを実施し対応時期を決定することが必要になります．

2. **ウイルス対策ソフトを使用する**

ウイルス対策ソフトは，既知の脅威に対して有効です．インターネットに接続するコンピュータには導入が必要です．

ウイルス対策ソフトは，まれに誤検知をして正しく動作しないことがあります．このような場合には，例外的な処理として認めることが必要になります．また，ウイルス検知のための処理を実行するため，処理に遅延が発生したり CPU の負荷が増加することがある点に注意します．

3. **強制アクセス制御 (セキュア OS) などを使用する**

未知の脅威に対して，強制アクセス制御などの仕組みを持ったコンピュータシステムを導入することで，ウイルスに感染する可能性が非常に低くなります．

4.3.3　ウイルス対策ソフトの仕組み

ウイルス対策ソフトは，コンピュータをウイルス感染から守るためのソフトウェアです．ウイルスのパターンファイル (ウイルス定義ファイルやシグニチャとよばれることもあります) によりウイルスを識別します．新規にファイルが作成されるタイミングで，そのファイルの特徴を調べ，既知のウイルスのパター

ンと照合します．特徴がウイルスのパターンと合致する場合には，ウイルスと判定され，削除または隔離されます．

ウイルスパターンによる検出方式は次の特徴があります．

1. 一度検知されたウイルスに有効
2. パターンにない (未知の) ウイルスには対応できない
3. 頻繁にウイルスパターンを更新することが必要

ウイルスのパターンファイルは，ウイルス対策ソフトの作成会社の実施するウイルス調査及び研究に基づき作成されます．調査は 24 時間 365 日休みなく実施され，日々ウイルスパターンは更新されています．

4.3.4   未知のウイルスへの対応

未知のウイルスに対応する方法として，次の方法が考えられます．

1. **振る舞い検知**

   プログラムの振る舞いを観測することで，ウイルスかどうかを判断する方法は「振る舞い検知」とよばれます．たとえば，OS のパスワードに関係するファイルを開いた後，別の一時ファイルに何か書き込み，そのファイルを外部にコピーしようとした動きを検知した場合，ウイルス的な振る舞いであると判断できます．このような「あやしい振る舞い」の定義は，ウイルスの解析結果から経験的に作成され，「ヒューリスティック」とよばれます．この他，統計手法や機械学習によって作成される場合があります．

2. **ホワイトリストアプローチ**

   振る舞い検知とは逆に，プログラムで許される動作，挙動をホワイトリストとして作成しておき，それ以外の操作を認めないというアプローチです．強制アクセス制御機能を持つセキュア OS などがこれに相当します．

   ホワイトリストはウイルス感染や不正操作に対して強力ですが，ホワイトリストを作成することが難しいという課題があります．

4.4 暗号化

暗号は内容を他の人にわからないように，データを変換する処理を指します．暗号化によって，データを盗難や盗聴から守ることができます．通信の際に暗号化をすると，第三者にデータを盗聴されても，内容を解読されません．

暗号化の際には「鍵」と「暗号アルゴリズム」でデータを変換します．暗号を用いて暗号文を作成する処理を「暗号化」，元に戻す処理を「復号 (復号化)」とよぶことにします．図 4.24 に暗号化処理の概要を示します．

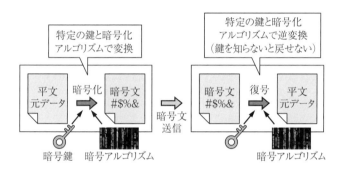

図 4.24 暗号化処理の概要

暗号アルゴリズムには次の特性があります．

- **複数の暗号アルゴリズム**

  暗号アルゴリズムは複数の種類があり，目的によって使い分けられます．例として，共通鍵暗号で使われるアルゴリズムとして，DES, RC4, AES があります．また公開鍵暗号で使われるアルゴリズムとして RSA があります．

  一般に，強力な暗号アルゴリズムは複雑な計算が必要になり，多くの CPU パワーを消費します．また，計算に時間がかかったり，高速な計算機が必要になります．

- **暗号アルゴリズムの強弱**

  暗号アルゴリズムには強弱があります．アルゴリズムの強さは，計算によって解読する時間などで評価されます．弱い暗号アルゴリズムを使

うと，鍵がなくても短時間で内容を推測することが可能になります．

● 暗号アルゴリズムの危殆化

　計算機の速度が向上し，暗号研究が進むことでアルゴリズムの効率的な解読方法が発見されます．このため，年を追うごとに暗号アルゴリズムも古くなり，安全レベルが下がります．これは危殆化とよばれます．

　暗号化して長期で保存する必要のあるデータは，途中で暗号アルゴリズムの入れ替えが必要になります．ただし，暗号化済みファイルの暗号アルゴリズムを入れ替えるためには，膨大な計算が必要になります．

4.4.1　簡単な暗号化の例

　簡単な暗号化の例として，ROT13 を示します．ROT13 はアルファベット 26 文字の各文字を 13 文字ずらしたものです．図 4.25 に ROT13 による変換規則を示します．a は n に，b は o に，といったように変換されます．

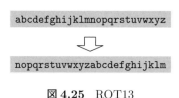

abcdefghijklmnopqrstuvwxyz

nopqrstuvwxyzabcdefghijklm

図 4.25　ROT13

　実際の文を変換した例を図 4.26 に示します．ROT13 で変換した文字を再度 ROT13 で処理すると変換前の文字に戻る点に注意してください．

The quick brown fox jumps over a lazy dog

Gur dhvpx oebja sbk whzcf bire n ynml qbt

図 4.26　ROT13 で変換した例

　ROT13 は暗号アルゴリズムというよりは，難読化の一種であると考えたほうがよいでしょう．たとえるなら，雑誌のクイズの答えを反対向きに印刷したようなもので，読みにくいですが読もうと思えば読むことができます．

4.4.2　共通鍵暗号

　共通鍵暗号は，同じ鍵を使い暗号化と復号ができる暗号方式です．図4.27に共通鍵暗号の仕組みを示します．

　共通鍵を使って暗号化したデータは同じ共通鍵があれば復号できます．

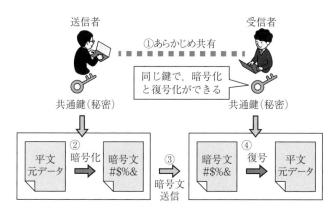

図4.27　共通鍵暗号の仕組み

　暗号化したデータを送信する手順は次のとおりです．

①　あらかじめ共通鍵を共有しておきます．

②　送信者は共通鍵を使って平文データから暗号文を作成します．

③　送信者は受信者に暗号文を送信します．

④　受信者は共通鍵を利用して元の平文データを得ます．

　この手順のうち，あらかじめ共通鍵を共有しておくステップが重要になります．共通鍵が外部に漏れてしまうと，いくら暗号化しても内容を復号することが可能になります．このため，暗号化したファイルをやりとりする手段とは別の手段で共通鍵を共有することが必要です．たとえば，あらかじめ共通鍵を電話などで共有した上で，電子メールで暗号化したファイルをやりとりする方法は有効です．また，共通鍵の管理についても，外部に漏れないように注意が必要です．

4.4.3　公開鍵暗号

　公開鍵暗号は,「公開鍵」「秘密鍵」とよばれる2つの鍵のペアを使い暗号化と復号をする暗号方式です. 公開鍵で暗号化したデータは秘密鍵で復号でき,秘密鍵で暗号化したデータは公開鍵で復号できる点が特徴です. 公開鍵は外部に公開してかまいませんが, 秘密鍵は外部に漏れないように大切に保管します.図4.28に公開鍵暗号の仕組みを示します.

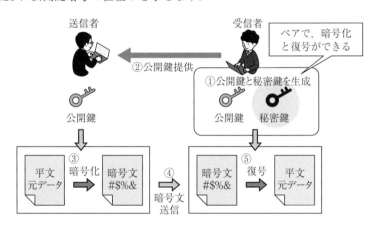

図4.28　公開鍵暗号の仕組み

　公開鍵暗号を使って暗号化したデータを送信する手順は次のとおりです.
　① 受信者はあらかじめ公開鍵, 秘密鍵のペアを作成します.
　② 受信者は送信者に公開鍵を提供します.
　③ 送信者は公開鍵を使って平文データから暗号文を作成します.
　④ 送信者は受信者に暗号文を送信します.
　⑤ 受信者は秘密鍵を利用して元の平文データを得ます.

　送信者は公開鍵で暗号化しているため, 暗号文を復号できるのは対応する秘密鍵を持っている受信者のみです. 送信された暗号文が途中で盗聴されたとしても, 秘密鍵がないため復号できません. また, 公開鍵はそもそも公開してもよいものなので, 盗聴は無意味です. したがって, 公開鍵暗号を使うことで, 盗聴から情報を守ることができます.

> ### コラム 4.4 ブルートフォース攻撃 (Brute-force attack)
>
> パスワード解析技術の1つでブルートフォース攻撃 (Brute-force attack) があります。パスワードの組み合わせを変えながら高速で繰り返し攻撃する手法で、「総当たり攻撃」ともよばれます。
>
> 2020年に HIVE システムによって発表されたブルートフォース攻撃によるパスワード解析に要する時間は、表 4.4 のような結果となっています。
>
> **表 4.4** パスワードの解析に要する時間
>
> | 文字数 | 数字 | 英小文字のみ | 英大小文字 | 数字+英大小文字 | 数字+英大小文字+記号 |
> |---|---|---|---|---|---|
> | 4 | 即時 | 即時 | 即時 | 即時 | 即時 |
> | 5 | 即時 | 即時 | 即時 | 即時 | 即時 |
> | 6 | 即時 | 即時 | 即時 | 1秒 | 5秒 |
> | 7 | 即時 | 即時 | 25秒 | 1分 | 6分 |
> | 8 | 即時 | 5秒 | 22分 | 1時間 | 8時間 |
> | 9 | 即時 | 2分 | 19時間 | 3日 | 3週間 |
> | 10 | 即時 | 58秒 | 1か月 | 7か月 | 5年 |
> | 11 | 2秒 | 1日 | 5年 | 41年 | 400年 |
> | 12 | 25秒 | 3週間 | 300年 | 2000年 | 3万4千年 |
> | 13 | 4分 | 1年 | 1万6千年 | 10万年 | 200万年 |
> | 14 | 41分 | 51年 | 80万年 | 9百万年 | 2億年 |
> | 15 | 6時間 | 1000年 | 43百万年 | 6億年 | 150億年 |
> | 16 | 2日 | 3万4千年 | 20億年 | 370億年 | 1兆年 |
>
> `https://www.reddit.com/r/Infographics/comments/iovbi8/updated_table_on_time_to_brute_force_passwords/` より一部を抜粋。
>
> 数字のみのパスワードは、16桁でも2日程度で解読されてしまいます。文字種を増やすと解読にかかる時間が増加していくことがわかります。大文字+小文字+数字+記号で10桁のパスワードであれば、解読に5年程度かかるのでまずは安心できると考えます。

4.5 電子署名

4.5.1 電子署名とは

電子署名 (デジタル署名) は電子文書がいつ誰に作成されたかを証明し、その文書の改ざんなどを防ぐための仕組みです。紙の文書に印鑑やサインをすることに相当します。決して、電子ファイルに印鑑のイメージを貼ったものではな

い点に注意してください.

電子署名は, 前節で説明した公開鍵暗号を使って実現されています.

4.5.2　電子署名の処理の流れ

(1)　電子署名の作成

図4.29に電子署名の作成手順を示します. 電子署名の作成手順は次のように
なります.

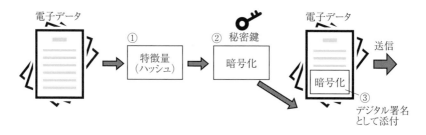

図4.29　電子署名の作成手順

① 電子データからその特徴量を算出する

② 自分の秘密鍵を使って特徴量を暗号化する

③ 暗号化したデータを電子署名として元の電子データに添付する

手順②で使われる特徴量は, 電子データ全体の特徴を示す数値として通常ハッ
シュ値が用いられます. ハッシュ化ではアルゴリズムとしてはMD5, SHA-1,
SHA-2[6)]が使われます. 電子データが1バイトでも異なればハッシュ値はまっ
たく異なるものとなるため, 改ざんが検知できます.

(2)　電子署名の検証

図4.30に電子署名の検証手順を示します. 電子署名の検証手順は次のように
なります.

① 電子データからその特徴量を算出する

② 作成者の公開鍵を使って電子署名を復号する

③ ①, ② で得られた特徴量を比較する

- 一致すれば, 署名は本物

[6)] 現在では, SHA-2の使用が推奨されています.

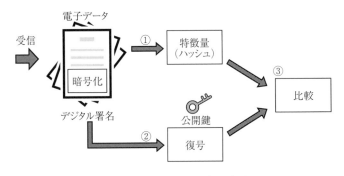

図 4.30 電子署名の検証手順

- 一致しなければ，偽物

電子署名の検証では次の 2 つの事実が確認できます．

- 電子署名を公開鍵で復号できたことは，公開鍵に対応した秘密鍵を保持
  する者が電子署名を作成したことを証明しています．
- 電子データから計算した特徴量がデジタル署名と一致した場合には，電
  子データの改ざんがないことがわかります．

この仕組みだけでは，公開鍵と秘密鍵の対応関係が正しいことの証明しかで
きません．このため，偽りの公開鍵を利用させることにより，なりすましが可
能となります．公開鍵の正当な保有者が誰かを確認するためには，電子認証局
の仕組みが利用されます．

4.5.3 電子認証局

電子認証局は電子署名の正当性を保証するための仕組みです．次の 2 つの不
正を防ぐことができます．

1. **なりすまし**

   電子署名で使われた鍵は本物かどうかわからない．

2. **事後否認**

   後で，自分の電子署名ではないと拒否することも可能．

第三者機関である「電子認証局」に鍵の管理をまかせることで，正当性を保
証することができます．次の手順で処理が行われます．

1. 公開鍵を電子認証局に預ける.

2. 秘密鍵を使って署名し，電子証明書付きの文書とする.

3. 検証時には，認証局で電子証明書の有効性の確認を行う.

　実際のサービスで利用されている電子認証局は電子証明書の発行だけではなく，証明書の期限 (失効) の管理や，認証情報を管理し問い合わせ対応を行う機能などを提供しています.

4.5.4 電子認証局の応用：サーバ証明書

　通信先のサーバが本物であるかどうかを確認するため，サーバ証明書が使われます. 図 4.31 にサーバ証明書の概要を示します.

　通信する WEB サーバの正当性を確認するため，WEB ブラウザは，サーバ証明書の確認を行ったのち通信を行う仕組みとなっています.

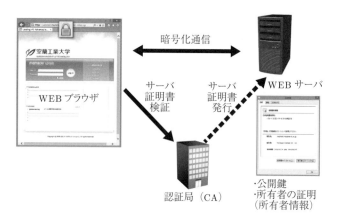

図 4.31　サーバ証明書の概要

　確認後に WEB ブラウザと，WEB サーバは SSL で暗号化した通信を行います. 暗号化の方式は SSL (Secure Sockets Layer) とよばれます. 図 4.32 に SSL による通信の暗号化のイメージを示します. ブラウザには鍵マークが表示され，暗号化された通信が行われていることがわかります.

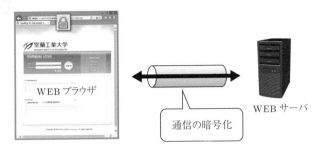

図 4.32　SSL による通信の暗号化

4.6　仮想プライベートネットワーク (VPN)

　仮想プライベートネットワーク (Virtual Private Network, 以下 VPN) はインターネットなどの既存のネットワーク上に別の仮想的なネットワークを構築する技術です. 複数の実装方法がありますが, 基本的にはパソコンなどの VPN クライアントと VPN サーバとの間で暗号化した通信を行うことで実現されます.

　パソコンから見ると, VPN によって別のネットワークが追加で利用可能になったように見えます. たとえば, 会社のネットワーク上に VPN サーバを設置し, パソコンから VPN を利用することで, あたかも会社内のネットワークに専用の回線で接続したように扱うことができます.

　図 4.33 にその概念図を示します.

　インターネット上に専用のトンネルを作るイメージがわかりやすいと思います. 通信はトンネルを経由し行われるため, インターネットから盗聴されるおそれはありません. また, 会社から見ると社内のネットワークを延伸した出島のような存在となります.

(1)　メリット

　VPN を使うことで, 次のようなメリットがあります.

　1. 仮想化されたネットワーク

　　VPN は仮想的なネットワークを既存のネットワーク上に構築するため, 通信さえできれば既存のネットワークの構成などに影響を受けません.

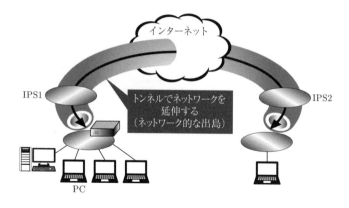

図 4.33 VPN

2. **暗号化した通信**

VPN を使うと，通信経路が暗号化されインターネットなどの公衆ネットワークを経由しても盗聴されることはありません[7]．

(2) 利用シーン

VPN は以下のような場面で利用されます．

1. **地理的に離れた事業所でプライベートネットワークを構築する**

東京，大阪といった離れた事業所間で単一のプライベートネットワーク (社内ネットワーク) を構築したい場合，セキュリティ上公衆回線は使わず専用回線を利用する方法がとられます．専用線は占有が可能ですが，高価である点が課題となります．VPN を利用することで公衆インターネット回線を使って安全にプライベートネットワークを構築することができます．

図 4.34 に概要を示します．

---

[7] 暗号化した通信だけであれば VPN 以外の方法もあります．

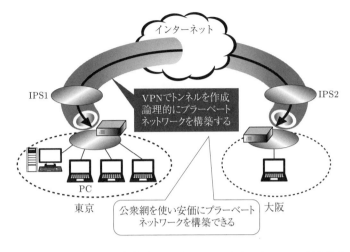

図 4.34　地理的に離れた事業所間でプライベートネットワークを構築する

2. 世界中のどこでも社内と同じ環境で仕事ができる

出張時やテレワーク時に自宅からパソコンを利用する場合，パソコンに入れた VPN ソフトを使うことで，インターネットを経由しても社内と同じネットワーク環境を使うことができます．国内に限らず，国外からも同様に利用することができます．

図4.35 に概要を示します．

図 4.35　VPN を使い社内と同じネットワークを利用する

3. **規制された通信網でも，自由に通信を行える**

VPN を使うことで，接続が許可されていないネットワーク同士をつなぐことができます．たとえば，国外との通信を規制している国から規制されているサイトにアクセスする際に利用されます．この場合には，規制している国以外の国の VPN プロバイダーを経由することで可能になります．

図 4.36 に概要を示します．

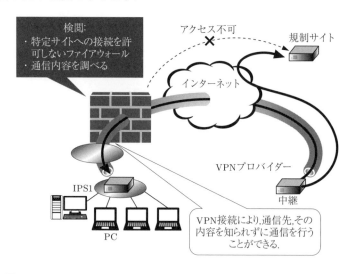

図 4.36 VPN を使い規制されたネットワークから自由に通信を行う

演 習 問 題

4.1 インターネット

次の記述で適切なものには○を，不適切なものには×をつけよ．

(1) インターネットとは，インターネットサービスプロバイダー (ISP) のネットワーク同士をつないだものである．

(2) インターネットとは，インターネット社が全世界に提供するネットワークである．

(3) インターネットは交換機で回線を切り替える「回線交換」の仕組みでネットワークが構築されている．

(4) インターネットで使われている通信技術は，OSI のモデルに基づき階層的に構成されている．

(5) インターネットの通信はベストエフォートとよばれ 100 ％の信頼性を保証していない．

4.2 IP ネットワーク

次の記述で適切なものには○を，不適切なものには×をつけよ．

(1) サブネットマスクは IP アドレスのネットワーク部を 0 にホスト部を 1 にすることで得られる．

(2) IPv4 の IP アドレスは 32 ビットデータである．

(3) プライベート IP アドレスであれば，どんなアドレスを使ってもよい．

(4) インターネットではグローバル IP アドレスを使って通信が行われる．

(5) プライベート IP アドレスを使うネットワークからインターネットにアクセスするためには，名前解決システムで変換が行われる．

4.3 MAC アドレス

次の記述で適切なものには○を，不適切なものには×をつけよ．

(1) MAC アドレスは，機器の製造時に割り当てられた番号である．

(2) MAC アドレスは，Wi-Fi 機能を持つ機器にも割り当てられる．

(3) 通信機能を持つ機器は MAC アドレスを 1 つだけ持つ．

(4) MAC アドレスの OUI を調べると製造した会社がわかる．

(5) MAC アドレスは，世界中で重複なく割り当てられる．

4.4 ネットワークセキュリティ

次の記述で適切なものには○を，不適切なものには×をつけよ．

(1) ファイアウォールは，情報機器を火災から守るために使用される．

(2) ファイアウォールは，インターネットと内部ネットワークを区切ってゾーンとして保護するために設置する．

(3) ファイアウォールは，選択的に通信を許可したり拒否したりすることができる．

(4) 非武装地帯 (DMZ) は外部公開サーバを設置するために使用される．

(5) いったん内部ネットワークに侵入された場合，ファイアウォールではそれ以上の侵入を防ぐことができない．

(6) 公開サーバの要塞化のため，当該サーバで必要のないサービスは停止すべきである．

4.5　ネットワーク監視

次の記述で適切なものには○を，不適切なものには×をつけよ．

(1) ネットワーク侵入検知システムは，侵入者をカメラで監視する．

(2) ネットワーク侵入検知システムは，ネットワークを流れるパケットを監視する．

(3) ネットワーク侵入検知システムが誤検知しても，ネットワークで行われるサービスに影響しない．

(4) ネットワーク侵入防御システムが誤検知しても，ネットワークで行われるサービスに影響しない．

(5) 他者の管理するサーバをポートスキャンしても，情報セキュリティを守っていれば問題ない．

(6) 改ざん検知システムでは意図しないファイルの書き換えを検出できる．

4.6　ウイルス対策

次の記述で適切なものには○を，不適切なものには×をつけよ．

(1) ウイルスに感染すると，直ちに破壊活動が開始され，パソコンの動作がおかしくなる．

(2) ウイルスの作成するバックドアは，外部からの操作を受け付けるために設置される．

(3) メールや可搬記憶媒体の他に，直接ネットワークよりウイルスが侵入することもある．

(4) OS のアップデートなどの脆弱性対策はウイルスに対して効果がない．

(5) 不正改造されたソフトウェアを使用する場合には，ウイルススキャンしてから利用すれば100%安全である．

(6) ウイルス対策ソフトを使用するためには，ウイルスパターンファイルの更新を続ける必要がある．

4.7　暗号化

次の記述で適切なものには○を，不適切なものには×をつけよ．

(1) 公開鍵暗号は鍵を公開するため，高いセキュリティが求められない場面で使用されることが多い．

(2) ROT13 は強力な暗号アルゴリズムなので多くの場面で利用されている.

(3) 共通鍵暗号では，鍵をあらかじめセキュアな方法で交換しておくことが必要である.

(4) 公開鍵暗号で利用される秘密鍵は自分だけで管理しておき，絶対他の人に渡してはいけない.

(5) 公開鍵暗号を使ってファイルを暗号化するためには，あらかじめ秘密鍵を送信者に送る必要がある.

4.8　電子署名

次の記述で適切なものには○を，不適切なものには×をつけよ.

(1) 電子署名は共通鍵暗号を応用したものである.

(2) 電子署名をする際には電子データのハッシュ値の計算によって，改ざん検知が実現されている.

(3) ファイアウォールは，情報機器を火災から守るために使用される.

(4) ファイアウォールは，インターネットと内部ネットワークを区切ってゾーンとして保護するために設置する.

(5) ファイアウォールは，選択的に通信を許可したり拒否したりすることができる.

(6) 非武装地帯 (DMZ) は外部公開サーバを設置するために使用される.

(7) いったん内部ネットワークに侵入された場合，ファイアウォールではそれ以上の侵入を防ぐことができない.

(8) 公開サーバの要塞化のため，当該サーバで必要のないサービスは停止すべきである.

4.9　ネットワーク監視，認証局

次の記述で適切なものには○を，不適切なものには×をつけよ.

(1) ネットワーク侵入検知システムは，侵入者をカメラで監視する.

(2) ネットワーク侵入検知システムは，ネットワークを流れるパケットを監視する.

(3) 電子署名の検証時には，署名した者の公開鍵が必要である.

(4) 電子認証局を使うと「なりすまし」や「事後否認」を防ぐことができる.

(5) 自分で作成し管理している公開鍵と秘密鍵のペアを使った電子署名は世界中で有効である.

(6) サーバ証明書は第三者機関が WEB サーバなどの正当性を確認する仕組みである.

「5」 セキュリティに関する国際標準や法律，規則

　組織において情報セキュリティを維持することは，その組織のイメージや事業の継続性を確保する上で大変重要なことです．企業において情報セキュリティインシデントが発生したときに適切な対応を行わないと，株価の下落や生産・販売する商品の不買などが起こることが想定されます．情報セキュリティインシデントが発生したとき，被害者や第三者の目にはその組織自体がインシデントを発生させたと認識される場合もあります．このとき，組織としてどのようなセキュリティ維持体制がとられていたかが問題となります．

5.1　ISMS

5.1.1　ISMS 規格

　情報セキュリティを組織として管理する体系として，ISMS (Information Security Management System：情報セキュリティマネジメントシステム) が ISO (国際標準化機構) によって国際規格化されています．ISMS は，ISO/IEC 27001:2022 という規格番号で発行されており，日本国内の規格として翻訳されたものが JIS (日本工業規格) によって JIS Q 27001:2023 として規定されています．

　以下に，ISMS 規格の章と内容を簡単に説明します．

0. **序文**

　規格の概要説明

1. **適用範囲**

　下記 4.〜10.に記載された内容をすべて満たすことを要求している．

2. **引用規格**

　用語定義 JIS Q 27000 の提示．

3. **用語及び定義**

JIS Q 27000 から用語を引用していることの宣言.

4. **組織の状況**

組織の内部, 外部の状況, 利害関係者のニーズなどを理解し, ISMS を機能させる.

5. **リーダーシップ**

トップマネジメント (組織の長) の役割を規定. 「情報セキュリティ方針」の確立, 構成員の役割, 責任及び権限の割り当てなどを行う.

6. **計画策定**

ISMS を実施する上での計画を行うことを規定. 本書第 2 章に記載されているリスクアセスメントや情報セキュリティリスク対応計画を行う. リスク対応の実際の方法は「付属書 A」にリストアップされている "管理策" に従う.

7. **支援**

ISMS の実施のための資源, 力量, 認識, コミュニケーションなどを規定している. セキュリティのための教育や訓練, ISMS の有効性に関する教育が含まれる. また, マニュアルや記録などの文書管理についても規定される.

8. **運用**

ISMS 全体の管理, また, 6. 計画で定めた活動実施の計画及び管理に関する規定. ISMS が機能しているかの証跡 (証拠) を文書化した状態で保持することが求められる.

9. **パフォーマンス評価**

8. 運用の状態を監視, 測定, 分析及び評価を行う. また,「内部監査」によって ISMS が適切に運用されているかのチェックとトップマネジメントによるレビュー (マネジメントレビュー) で報告し, 指示を受ける.

10. **改善**

不適合 (この規格 4.~10.で規定されている内容が守られていない状態) が発生した場合の対応と継続的改善の規定.

付属書 A 管理目的及び管理策

　規格の中では「ウイルス対策ソフトをインストールしなさい」，「メールのURLはクリックしないこと」など，具体的なセキュリティ対策は記載されていません．ISMS規格で規定されていることは，組織で管理体系を構築して，維持，運用することです．組織がISMSとしてルールを策定し，それを維持していくことで情報セキュリティの維持を図ります．とはいえ，一からセキュリティ対策を行う組織にとって，どのようなセキュリティ対策をとるべきか，どのようなセキュリティ対策があるのか判断ができない場合が考えられます．そのため，付属書Aが用意され，一般的に用いられているセキュリティ対策 (管理策) がリストアップされています．また，リストの詳細はベストプラクティスの実施規範のISO/IEC 27002:2022として別に規格化されています．

5.1.2　PDCA

　情報セキュリティの状況は日々変化しており，常に注視する必要があります．新たに発生した情報セキュリティ上の脅威や脆弱性，ISMSを確実に取り込んで運用するためには，継続的な改善が不可欠です．この継続的改善の仕組みの1つとしてPDCAサイクルがあげられます．

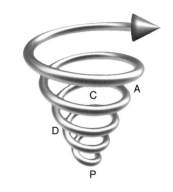

図5.1　PDCAのスパイラルアップ

　　　　Plan: 計画を立案する
　　　　Do: 計画を実行する
　　　　Check: 結果を評価する
　　　　Action: 評価に基づき改善する

　これはISMSの条項にも規定されており，全体構成もPDCAに従っています．さらにISMSでは継続的改善に加えて，以前のPDCAサイクルからの向上 (PDCAのスパイラルアップ) が求められています．

> **コラム 5.1　ISMS の認証取得**
>
> 　「ISMS を取得している」と公に言えるのは，日本国内では情報マネジメントシステム認定センター (ISMS-AC) により認定を受けた場合に限ります．認定は，ISMS-AC から委託された認証機関により審査が行われます．実際の審査は，審査員チームが審査を受ける組織に直接訪問し，マニュアルや記録の内容の確認など，ISMS 認証基準 (特に 4.〜10.と付属書 A に記載されている条項) を守っているか (適合という) を厳密に確認します．また，ISMS が適用される部屋を確認し，構成員に対してインタビューなどが行われます．
>
> 　審査は数日にわたって行われ，すべて適合している場合に晴れて認定を受けることができます．この認定の有効期限は 3 年ですが，1 年ごとに維持審査 (サーベイランス審査) を受ける必要があります．

5.2　法律

　社会インフラとしてインターネット上のサービスやアプリを安全に使用するため，関連する法律が整備されています．ここでは，事例に基づいて法律や規則について考えてみます．

ケース 1：他人の ID とパスワードでログイン

　友達 A は ID とパスワードを忘れないように紙にメモをしてスマホケースのカードポケットに保管していた．あるとき A がスマホを使うときにその紙が落ちたが，A は気づかなかった．B はその紙を拾ったがそのままポケットに入れてしまった．学期末が近くなり，B はふと A の成績が気になり，以前拾った ID とパスワードで大学の成績管理システムにログインし成績をのぞき見した．

　この行為は「不正アクセス行為の禁止等に関する法律」に抵触します．

　第三条に「何人も，不正アクセス行為をしてはならない.」とあります．このケースでの「不正アクセス」にあたる行為は，A の ID，パスワードを使ってログインし，のぞき見したことです．また，ID とパスワードであることを認識した上で，「そのままポケットに入れてしまった」ことも不正行為にあたる可能性があります (第六条　他人の識別符号を不正に保管する行為の禁止).

　このケースの場合，パスワードを紙にメモして保管するAにも非があるとは
いえますが，それを自分で保管してシステムにアクセスすることとは別の問題
です．

図5.2　A君のパスワードで成績をのぞき見している

ケース2：スパムメールの送付

　Aは趣味で作成した小物をネットショップを開設して，販売しようと考え
た．ネットショップと商品を，電子メールを使って宣伝しようとしたが，特
定の顧客はいないので，インターネットで入手したメールアドレスのリスト
を使って，メールを送信した．送付したメールのうち，いくつかから返事が
あり，中には「もう送信しないでください」というものもあったが，新商品の
紹介もありメールを送り続けた．

　「特定電子メールの送信の適正化等に関する法律」は営利を目的とした電子
メール(特定電子メールと定義)の利用についての法律です．この法律では，特
定電子メールは，あらかじめ送付することに同意を得ていないものには電子メー
ルを送信してはならない，と規定されています(第三条の一)．したがって，A
が何らかの方法で入手したメールアドレスを使って，メールアドレスの保有者
の許可を得ずメールを送付することは違法行為となります．また，「もう送信し
ないでください」という返信を無視して送付することも，違法行為となる可能
性があります(第三条3)．

　さらに，みなさんに直接関連する条項としては，送信者の表示義務，送信者

情報を偽った送信の禁止，架空電子メールアドレスによる送信の禁止などが定められています．

電子メールは日常でさまざまなところから送付されてきますが，商品の紹介，宣伝などのメールは特定電子メールに相当します．実際は電子メールの送付については WEB サービスやスマホのアプリの利用時の「利用規約」などに記載されている場合があり，それに基づいて送付されることが多いです．サービスやアプリの利用開始時には利用規約をよく読むようにしましょう．

ケース 3：ネット上の画像を自分のサイトにアップロード

ある有名人の Instagram を閲覧していたところ，気に入った写真を見つけたので，画像ファイルをダウンロードして，Facebook の自分のページに特に説明もなくアップロードした．

インターネット上に限らず，画像，映像，文章などはすべて作成した人 (著作者) が権利を持つ著作物です．このケースでは，「ある有名人」は問題ではなく，画像ファイルを自分の Facebook に (あたかも自分が撮影した画像のように) アップロードしたことが問題です．

著作者の持つ権利を規定した法律が著作権法です．

著作権とは

文化の発展を促進するための制度

- **著作物**

  自分の考えや気持ちを作品として表現したもの．小説 (自分の書いた作文も含む)，音楽 (曲と歌詞)，絵画 (漫画も含む)，写真，映画 (ゲームソフト，動画サイトの動画も含む) など．

- **二次的著作物**

  翻訳された外国小説，小説を基に実写化された映画，編曲された楽曲など．

- **編集著作物**

  百科事典，新聞のように多数の項目をまとめた著作物．

- **著作者**

  著作物を創作した人．

- **著作権**

    著作者に対して法律によって与えられる権利.

著作権法には，さまざまな権利が含まれます，ここでは WEB サイトでの著作物の利用に関連して複製権，公衆送信権を取り上げます.

- **複製権**

    著作者が自分の著作物について，印刷，写真，コピー機による複写，録音，録画などあらゆる方法で「物に複製する」権利. 著作権の中で最も基本的な権利.

- **公衆送信権**

    著作者が自分の著作物について，テレビ・ラジオ・有線放送，インターネットなどによる送信を独占できる権利. WEB サイトに著作物を掲載してアクセス可能な状態にすることを含む.

著作権法では著作物は保護されていますが，現在は原則，創作のときから始まり，著作者の死後 70 年間継続します. ただし，保護期間中でも自由に利用が認められている場合があります.

- **私的使用のためにコピーすること**

    個人的に，家庭などの限られた場所で利用するときは，利用者がコピーしてもよいこととなっています. たとえば，好きなテレビ番組を自分や家族と見るために録画することなどです. ただし，友達に録画したビデオを貸したり，電子的に送付することはこの範囲に入りません.

    このケースにおいて，他人のサイトにある画像ファイルをダウンロードすることは，私的複製の範囲と考えられます.

- **図書館でコピーすること**

    図書館内の資料の一部のコピーのみ許可されます. ただし，全ページのコピーはできません.

- **自分の著作物に他人の著作物を引用すること**

    引用：自分の文章の中に，他人の文章など持ってきて説明に用いること. 引用した部分を「 」でくくるなど，自分の文と，引用した文とを区別する必要があります. また，引用元の書名，著作者名，出版社名，引用部

分のページ数などの出典を明らかにすることも必要です.

　ケース3の場合, (あたかも自分が撮影した画像のように) アップロードするのではなく, ページ内で他サイトの画像であることを説明し, 画像の所有者に許可を得た上で掲載する必要があります.

> **コラム 5.2　改正著作権法**
>
> 　2021 年 1 月施行の改正著作権法 (「著作権法及びプログラムの著作物に係る登録の特例に関する法律の一部を改正する法律」 (令和 2 年 6 月 12 日法律第 48 号公布) では, インターネットやコンピュータにおける利用について著作権法の一部見直し, 強化が行われています.
>
> (1) **インターネット上の海賊版対策の強化**
>
> - リーチサイト (侵害コンテンツが掲載されているサイト) 対策【第 113 条第 2 項〜第 4 項, 第 119 条第 2 項第 4 号・第 5 号, 第 120 条の 2 第 3 号等関係】
> - 侵害コンテンツのダウンロード違法化【第 30 条第 1 項第 4 号・第 2 項, 第 119 条第 3 項第 2 号・第 5 項等関係】
>
> (2) **その他の改正事項**
>
> - 写り込みに係る権利制限規定の対象範囲の拡大【第 30 条の 2 関係】
> - 行政手続に係る権利制限規定の整備 (地理的表示法・種苗法関係)【第 42 条第 2 項関係】
> - 著作物を利用する権利に関する対抗制度の導入【第 63 条の 2 関係】
> - 著作権侵害訴訟における証拠収集手続の強化【第 114 条の 3 関係】
> - アクセスコントロールに関する保護の強化【第 2 条第 1 項第 20 号・第 21 号, 第 113 条第 7 項, 第 120 条の 2 第 4 号等関係】
> - プログラムの著作物に係る登録制度の整備 (プログラム登録特例法)【プログラム登録特例法第 4 条, 第 26 条等関係】

　SNS などの利用において著作権以外にも注意すべき他人の権利がありますので, 以下にあげます.

- **肖像権**

　自分の写真や映像などを勝手に撮影され, 公表されない権利.

- **パブリシティ権**

　人の氏名や肖像などが顧客吸引力 (他人の関心を引き, 商品の販売などを

促進する力) を持つときに，その個人が，自分の写真や映像などを他者に
無断で使用されない権利.

アイドル，スポーツ選手などに対し，経済的な価値を保護.

- **プライバシー権**

私生活の事柄を勝手に公開されない権利. 家庭生活，経済状況，思想信
条，病歴，氏名・住所などを指す.

著作権法以外にも，コンピュータ，インターネットの普及以前から施行され
ている法律も改正が行われています. 表 5.1 に主な法律を列挙します.

表 5.1　その他の法律

法律	内容
改正個人情報保護法	組織に対して，保有する個人情報の取り扱いについて定めた法律. 以前は 5000 人以上のデータを保有する事業者が対象だったが，2015 年に改正されすべての事業者が対象となった. データ化された個人情報が定義され，コンピュータでの利用がより明確に規定された.
電気通信事業法	通信事業を行う事業者に関する法律. 検閲の禁止，通信の秘密が規定されている.
刑法	SNS や掲示板などで，名誉棄損 (第二百三十条)，侮辱 (第二百三十一条) にあたる書き込みは，処罰の対象となる. 特に侮辱については，2021 年の時点で，厳罰化の改正が議論されている. また，不正アクセスによって，WEB サービスを停止させたり，コンテンツを改ざんした場合，器物損壊 (第二百六十一条) にあたる場合もある.

5.3　規則

法律では明確に規定されていなくても，組織では社内規則，学内規則など組織
内の規則が定められています. 情報セキュリティについては，多くの場合，「情
報セキュリティポリシー」の下，体系立てられた規則体系となっています.

図 5.3 に示した体系では，「基本方針」として，情報を守り，適切に情報システ
ムを運用するという指針が示されます. この基本方針の下，情報セキュリティ
維持のための組織体制や運用方針が「規程」や「基準」として定められます. さ

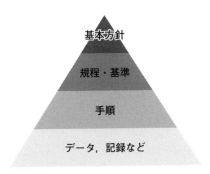

図5.3 情報セキュリティ規則の体系

らに，組織体制のそれぞれの役割に応じて，具体的にどのようなことを行う，あるいは行ってはならない，ということを「手順」に定めます．実施された記録や生成されたデータは，この規則体系の下適切に保存され，活用されます．

　組織における情報セキュリティ規則は法律と違い，比較的平易にかつ，具体的に書かれている場合が多いので，必ず読み，順守するよう心がけましょう．

▌ 演 習 問 題 ▌

5.1 ISMS

次の記述で適切なものには○を, 不適切なものには×をつけよ.

(1) ISMS は情報セキュリティのための国際規格である.

(2) ISMS は国際規格のため, 日本で規格化されていない.

(3) PDCA サイクルで, D は (Development: 開発) を示す.

(4) ISMS は規格に沿っていることを実施していれば, 自称してかまわない.

5.2 法律, 規則

次の記述で適切なものには○を, 不適切なものには×をつけよ.

(1) 許可を得ず, 他人の ID とパスワードを使用して, システムを利用した場合, 不正アクセス行為の禁止等に関する法律に抵触する.

(2) 不正アクセス行為の禁止に関する法律では, 無許可で他人の ID とパスワードをメモして保管しても, 実際に使用しなければ問題ない.

(3) 営利目的のメールの利用方法について定めた法律は「営利目的メールに関する法律」である.

(4) 営利目的のメールでは, 実在の企業名を名乗っていればどんなアドレスにも送付してよい.

(5) 営利目的のメールを送った相手から, 受信拒否の連絡があった場合は, 送信を中止しなければならない.

(6) 顧客の個人情報を 100 名程度保有しているが, 他の企業に比べて少ないので個人情報保護法の適用範囲外である.

(7) 情報セキュリティについての大学のルールがあるが, 法律に規定されていないローカルルールなので守る必要はない.

5.3 著作権

次の記述で適切なものには○を, 不適切なものには×をつけよ.

(1) 日本では著作物は, 著作者の死後 50 年間保護される.

(2) デジタル化された画像は単なるデータなので, 著作物とは認められない.

(3) テレビの録画は, 放送された映像そのものを記録するので, 複製 (コピー) とみなされる.

(4) 友人に録画したビデオを貸し出すのは, 私的使用のためかまわない.

(5) 図書館では, 蔵書の一部をコピーすることができる.

(6) アイドルの写真を自分で撮影したので, 自分の SNS に自由にアップロードしても問題ない.

付録 A　リスクアセスメント

2.2 節では情報セキュリティを維持する手法の 1 つとして，リスクアセスメントを取り上げて説明しました．例題として，企業のリスクアセスメントの例を示しましたが，ここでは私たちの生活に密着したスマホのリスクアセスメントの例を示します．

筆者らの調べによると，大学生のスマホの普及率は 100 ％に近い値になっており，日々の暮らしになくてはならないものとなっています．普段持ち歩いて使用するものであるため，紛失や盗難にあった場合にどれだけの被害があるか把握しておくことは重要だと考えます．

なお，ここで示す情報資産やリスクなどはあくまでも例です．使い方によって変わってくるため，自分の利用環境に照らして考えてみることが重要です．

A.4　情報資産の棚卸し

最初のステップとしてスマホ関連の情報資産の棚卸しを行い，情報資産台帳を作成します．表 A.1 に例を示します．

金銭を直接やりとりするクレジットカードやキャッシュレス決済関連の情報資産の機密性を高く (3 と) 評価しています．またオンラインサービス利用のための情報については，機密性，完全性ともに 2 と評価しました．クラウドにバックアップをしている前提で，自分で撮影した写真やメモなどの完全性を 2 と評価しています．さらに，購入した音楽や映像コンテンツは再ダウンロード可能であり，消えてしまっても問題ないため完全性を 1 と評価しています．

一方スマホそのものは毎日利用するため，可用性を 3 と評価しています．スマホにはクレジットカードやキャッシュレス決済の情報が含まれますが，スマ

表 A.1 スマホの情報資産台帳の例

番号	情報資産名	機密性	完全性	可用性	重要度	備考
1	クレジットカード	3	3	1	3	ID，認証情報
2	キャッシュレス (スマホ) 決済	3	3	2	3	チャージ金額と認証情報
3	音楽・映像サービス	2	2	1	2	ID，認証情報
4	SNS	2	2	1	2	ID，認証情報
5	連携 (クラウド) サービス	2	2	2	2	ID，認証情報
6	自分で撮影した写真	2	2	1	2	画像コンテンツ
7	購入した音楽	1	1	1	1	音楽コンテンツ
8	自分で書いたメモ	2	1	2	2	文書
9	スマホ	2	2	3	3	ハードウェア

ホ利用に認証が必要なため，たとえ他人にとられても悪用される心配が少ないとの判断で機密性を 2 として評価しました．

また，重要度は機密性，完全性，可用性の最も高い評価とします．

A.5 想定されるリスク

次に想定されるリスクを洗い出してみます．次の 4 つの区分で分類して分析を行いました．

1. ハードウェア

   スマホそのものに関する脅威です．紛失，故障などを含みます．

2. アプリ

   スマホアプリに関する脅威です．

3. サービス

   スマホと連携して利用するクラウドサービスに関する脅威です．

4. 利用者

   スマホの利用者自身に関する脅威です．

各区分ごとの主な脅威を，表 A.2 にまとめました．

表 **A.2** スマホの脅威

番号	区分	脅威	観点	
A-1	ハードウェア	スマホ紛失,置き忘れ,盗難	機密性,	可用性
A-2	ハードウェア	スマホ故障 (落下,水没など含む)	完全性,	可用性
A-3	ハードウェア	スマホ OS 不具合による故障	完全性,	可用性
B-1	アプリ	アプリからのデータ流出	機密性	
B-2	アプリ	アプリ不具合によるデータ破壊	完全性,	可用性
C-1	サービス	連携サービスからのデータ流出	機密性	
C-2	サービス	連携サービス不具合によるデータ破壊	完全性	
C-3	サービス	連携サービス不具合によるサービス停止	可用性	
D-1	利用者	フィッシング詐欺によるデータ流出	機密性	
D-2	利用者	SNS (友達) からのデータ流出	機密性	

A.6 リスク分析

リスク分析では,表 A.1 のすべての情報資産について,表 A.2 の脅威を当てはめてそのリスクを評価します.

情報資産 10 個に対して 9 個のリスクをあげたので,90 通りの組み合わせでリスクを評価することが必要になります.実際には情報資産に対して該当しないリスクが存在します.たとえば,ハードウェアに関する脅威 (A-1, A-2, A-3) はスマホそのものに対して適用されます.他方,利用者に関する脅威 (D-1, D-2)は情報資産 1〜8 のすべてに適用されます.

ここでは重要度 3 の情報資産を対象に分析してみます.

表 A.3 にリスクアセスメントの結果を示します.発生頻度は,その脅威の発生しやすさを示します.対策状況は,現状で対策がとられているかどうかを考慮し,対策がとられていない場合は 3,一部対策がとられている場合は 2,それ以外は 1 とします.リスク値は重要度,発生頻度,対策状況の値を乗じたものとします.

A.7 対策

リスクアセスメント結果でリスク値の大きなものに対して対策を考えます.ここではリスク値が 12 以上の項目に対して対策を考えることとします.次の項

表 A.3　スマホのリスクアセスメント

情報資産名	脅威	観点	重要度	発生頻度	対策状況	リスク値
	B-2	機密性	3	2	1	6
1. クレジットカード	C-1	機密性	3	2	2	<u>12</u>
	D-1	機密性	3	2	1	6
	D-2	機密性	3	1	1	3
2. キャッシュレス	B-2	機密性	3	1	2	6
(スマホ) 決済	C-1	機密性	3	2	2	<u>12</u>
	D-1	機密性	3	1	2	6
	A-1	機密性, 可用性	3	3	2	<u>18</u>
9. スマホ	A-2	完全性, 可用性	3	2	2	<u>12</u>
	A-3	完全性, 可用性	3	1	1	3

目がリスク値 12 以上の項目となります.

1. クレジットカードの連携サービスからのデータ流出

   クレジットカードの利用を, 信用のあるサービスに絞るなどの対策を検討します. また, クレジットカード会社の提供しているカードの利用通知のサービスなどを利用すると, 不正利用にすぐに気づくことができます.

2. キャッシュレス決済の連携サービスからのデータ流出

   キャッシュレスサービスの利用を, 信用のあるサービスに絞るなどの対策を検討します.

3. スマホの紛失

   スマホにストラップを付けたり, スマホを入れた鞄を放置しないなどの対策が考えられます. 盗難に備えて, バックアップを用意しておくことが必要です.

4. スマホの故障

   故障の際にすぐに代替のスマホが入手可能なように, 代替スマホの入所経路などを検討しておくとよいと思います. 故障に備えて, バックアップを用意しておくことが必要です.

なお, 対策をとることにより対策状況のスコアを下げることはできますが, 重要度と発生頻度のスコアを下げることはできません. 対策をとってもリスク値の高い項目は継続して注意を払うしかありません.

付録 B Jupyter Notebook を使った暗号化

　4.4 節では暗号の概念について説明しました．しかし，実際にコンピュータ内で暗号などがどのように処理されているかイメージを持つことは難しいと考えます．そこで，付録として暗号化の方法や原理を Python を使って実際に確認する方法を提示します．

　Python 環境を利用できる人は，ぜひ一度自分で試すことをお勧めします．

　なお，説明では，Python の実行環境として Jupyter Notebook (文献 [7] を参照) を利用していますが，他の Python 環境でも同様のことができます．

B.1　準備

　ここでは，pycryptodome[1]という Python のパッケージを利用します．初回のみ，pip コマンドを使って，パッケージのインストールを行います．

```
In [1]:  pip install pycryptodome

         Collecting pycryptodome
         Downloading pycryptodome-3.15.0.tar.gz (4.5 MB)
         Preparing metadata (setup.py) ... done
         Building wheels for collected packages:  pycryptodome
         Building wheel for pycryptodome (setup.py) ...  done
         Created wheel for pycryptodome:  filename=(略)
         Stored in directory:  (略)
         Successfully built pycryptodome
         Installing collected packages:  pycryptodome
         Successfully installed pycryptodome-3.15.0
         Note:  you may need to restart the kernel to use updated packages.
```

　成功すれば上記のようなメッセージが出ます．うまくいかない場合には，パソコンの管理権限の有無などを確認してください．

---

[1] https://pycryptodome.readthedocs.io/en/latest/index.html

なおインストールの方法は環境によっても変わりますので，うまくいかない場合には Python のパッケージ導入方法のページ[2) を確認してください．

B.2　ハッシュ値の計算

ハッシュ関数は元のデータの特徴を示す値を計算します．元のデータが少しでも変更されるとハッシュ関数の値は異なってきます．図 B.1 にその概念を示します．

ハッシュ値はデータの特徴を示す値を計算する関数でメッセージ・ダイジェストともよばれます．1 ビットでもデータが変化したらハッシュ値が変わり，異なるデータでハッシュ値を同じにすることはできないという特徴があります (膨大な時間がかかる)．ハッシュ値が同じデータを作ることは原理的に不可能であり，データの改ざんがないことを保証することができます．

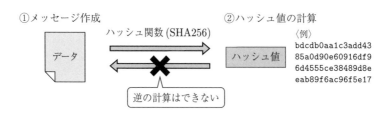

図 B.1　ハッシュ値の計算

ここでは，SHA-256[3)というアルゴリズムを使って自分の名前のハッシュ値を求めてみます．

【ステップ 1】メッセージの作成

ハッシュ値を計算するメッセージを作成します．name という変数に文字列として名前を入れます．

```
In [2]:   name = '室蘭太郎'
```

---

2) https://pycryptodome.readthedocs.io/en/latest/src/installation.html
3) SHA-2 (Secure Hash Algorithm 2) は SHA-1 を改良して 2001 年に発表されたもの．SHA-256 はビット長が 256 ビット．

【ステップ 2】ハッシュ値の計算

ハッシュ・アルゴリズムとして SHA256 という関数 (ハッシュ関数) を使います. pycryptodome パッケージ (Crypto.Hash) から SHA256 という関数を import しておきます.

```
In [3]:   from Crypto.Hash import SHA256
```

【ステップ 3】ハッシュ関数を定義する

SHA256 を使ってハッシュ値を返す関数 (sha_sum) を定義します.

```
In [4]:   def sha_sum(txt):
              hash_object = SHA256.new(data=txt.encode())
              return hash_object.hexdigest()
```

【ステップ 4】ハッシュ値を計算する

ステップ 3 で定義した sha_sum() を使って, 実際にハッシュ値を計算してみます.

```
In [5]:   sha_sum(name)
```

```
Out[5]:   'bdcdb0aa1c3add4385a0d90e60916df96d4555ce38489d8eeab89f6ac96f5e17'
```

【ステップ 5】元のメッセージを改ざんしてハッシュ値を計算する

元のメッセージを少しだけ変更して, ハッシュ値を計算し直してみます. ここでは, 苗字と名前の間にスペースを入れてみました.

```
In [6]:   name = '室蘭 太郎'
          sha_sum(name)
```

```
Out[6]:   '919883737a9ad3d1602031288dca4ac887bf3c57d750d09e7f3407742a6df854'
```

ステップ 4 で計算した値とまったく違う値になったことが確認できました. 元のメッセージが少しでも違うとハッシュ値は異なるものとなります. 元のメッセージを改ざんすればハッシュ値の違いで改ざんが検知されます.

逆に, ハッシュ値から元のメッセージを作成することは原理的にできません.

この特性により，ハッシュ値が正しいものであれば，改ざんされていないことを証明することができます．

B.3　共通鍵暗号

　送り手と受け手が同じ鍵を使う「共通鍵暗号」を試してみます．暗号アルゴリズムとして AES[4]を利用します．図 B.2 にその概念図を示します．共通鍵暗号については 4.4.2 項を参照してください．

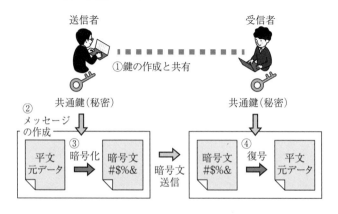

図 B.2　共通鍵暗号を使った暗号化

【ステップ1】鍵の作成と共有

　暗号化に使う共通鍵は関数を使って生成します．Crypto.Random の中の get_random_bytes() という関数を使い，鍵を生成する関数 gen_key() を定義しています．

```
In [1]: from Crypto.Random import get_random_bytes

        def gen_key():
            k = get_random_bytes(16)
            with open("commonKey.txt", "w") as f:
                f.write(k.hex())
            return k
```

---

[4] 米国国立技術研究所 (NIST) が 1998 年に採用した共通鍵暗号アルゴリズム．

　この関数では，commonKey.txt というファイルに鍵を書き出しています．
次に，鍵を実際に生成します．

```
In [2]:  key = gen_key()
         print(key.hex())
```

　　　　1ddcbf2a5b97f0bd4c5469c7072c2ed4

　生成された鍵は key という変数に格納されます．
　なお，gen_key() を実行するたびに変数とファイル内容は上書きされてしま
いますので，注意が必要です．

【ステップ 2】暗号化するメッセージの作成

　次に，暗号化するメッセージを定義します．

```
In [3]:  message = 'おはようございます'
```

【ステップ 3】共通鍵を使った暗号化 (送信者)

　pycryptodome パッケージの中の AES の関数[5]を利用しメッセージを暗号化
します．共通鍵はステップ 1 で作成したもので，変数 key に入っている値を利
用します．

```
In [4]:  from Crypto.Cipher import AES

         # AES で共通鍵を使って暗号化する関数
         def aes_encrypt(key, msg):
             cipher = AES.new(key, AES.MODE_EAX)
             nonce = cipher.nonce
             ciphertext,tag=cipher.encrypt_and_digest(msg.encode('utf-8'))
             return (nonce, ciphertext, tag)
```

```
In [5]:  tpl = aes_encrypt(key, message)
         tpl[0].hex(),tpl[1].hex(), tpl[2].hex()
```

---

[5] ここでは AES の実装のうち，EAX mode を利用しています．
https://pycryptodome.readthedocs.io/en/latest/src/cipher/aes.html
参照．

```
Out[5]: ('3560433f7df2bc2a0b320f605d7e3bc8',
         '639f82f6d70a80517aa1985429523e280b4e3418c2c16a9dd15595',
         '83d55998813e3c98d1bb4026a8c037fb')
```

暗号化の際には nonce, ciphertext, tag の三つ組の数値が生成されます.

【ステップ 4】共通鍵を使った復号 (受信者)

AES の復号をする関数 aes_descypt() を定義します. 復号はステップ 3 で暗号化の際に生成された三つ組の数値と key を利用します.

```
In [6]:  from Crypto.Cipher import AES

         # AES で共通鍵を使って復号する関数
         def aes_decrypt(key, tpl):
             nonce, ciphertext, tag = tpl
             cipher = AES.new(key, AES.MODE_EAX, nonce=nonce)
             plaintext=cipher.decrypt(ciphertext)
             try:
                 cipher.verify(tag)
                 print("メッセージ本物です:",plaintext.decode('utf-8'))
             except ValueError:
                 print("共通鍵が違うかメッセージが壊れています")
             return plaintext.decode('utf-8')
```

```
In [7]:  decrrypted_message = aes_decrypt(key, tpl)
         decrrypted_message
```

メッセージ本物です:　おはようございます

```
Out[7]:  'おはようございます'
```

元のメッセージが正しく表示されることが確認できました.

B.4 公開鍵暗号

公開鍵暗号を使ったデータの暗号化を試してみます. 公開鍵暗号については, 4.4.3 項を参照してください. ここでは, 公開鍵暗号のアルゴリズムとして RSA[6]を利用します.

---

[6] 素因数分解を利用した暗号アルゴリズムで, 1977 年に発明された.

ここでは，pycryptodome の RSA パッケージを利用します.
図 B.3 に処理の流れを示します.

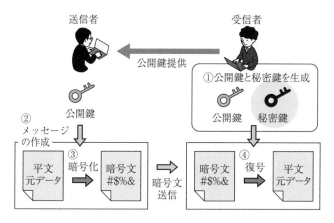

図 B.3 公開鍵暗号を使った暗号化

【ステップ 1】秘密鍵と公開鍵の作成 (受信者)

受信者はまず乱数を使って，RSA の秘密鍵と公開鍵の組みを作成します.

次のプログラムで生成した鍵は，表 B.1 に示した変数及びファイルに格納さ
れます．実際の利用時には，公開鍵ファイルは公開する場所に置いたりして送
信者に渡す必要があります.

表 B.1 鍵の生成

鍵の種類	変数	ファイル
秘密鍵	private_key	private.pem
公開鍵	public_key	public.pem

In [1]:
```python
from Crypto.PublicKey import RSA

# 秘密鍵を生成する
private_key = RSA.generate(2048)
with open("private.pem", "w") as f:
    tmp = private_key.export_key().decode('utf-8')
    print(tmp)
    f.write(tmp)

# 秘密鍵から公開鍵を生成する
public_key = private_key.publickey()
with open("public.pem", "w") as f:
    tmp = public_key.export_key().decode('utf-8')
    print(tmp)
    f.write(tmp)
```

```
-----BEGIN RSA PRIVATE KEY-----
MIIEogIBAAKCAQEAwfiK1wzNgMnnVEeR77CPJVdeZU7x27Po+XVQPSkZWZ1Nhev1
kTQMOVjmYOPQzqvdTRKBbNEvoHs5CF/W/tCWslxG5+DTuhSVzB9/T6L2kJGthkqy
UqKmDqjm1SsdKT/jUQh8z723ZbI+8ynt4TQaiPp6uPaK6+wT8kkA9Ye6fCC4YXHt
(省略)
zeGLygQeOcyE1Zkrnp+QxuNes5PENLemYBOHAf0iRpfZFHhIDgU=
-----END RSA PRIVATE KEY-----
-----BEGIN PUBLIC KEY-----
MIIBIjANBgkqhkiG9w0BAQEFAAOCAQ8AMIIBCgKCAQEAwfiK1wzNgMnnVEeR77CP
JVdeZU7x27Po+XVQPSkZWZ1Nhev1kTQMOVjmYOPQzqvdTRKBbNEvoHs5CF/W/tCW
(省略)
hwIDAQAB
-----END PUBLIC KEY-----
```

【ステップ 2】暗号化するメッセージを作成する (送信者)

暗号化するメッセージを変数に入れます.

In [2]:
```python
message = 'こんにちは'
```

【ステップ 3】公開鍵を使った暗号化 (送信者)

変数に入っている公開鍵を使って, 文字を暗号化します (送信者はすでに受信者の公開鍵を受け取って変数に入っていると仮定しています).

In [3]:
```python
from Crypto.PublicKey import RSA
from Crypto.Cipher import PKCS1_OAEP

def encrypt_rsa(pubkey, txt):
    cipher_rsa = PKCS1_OAEP.new(pubkey)
    ctext = cipher_rsa.encrypt(txt.encode())
    print('暗号化されたメッセージ：', ctext.hex())
    return ctext

ciphertext = encrypt_rsa(public_key, message)
```

暗号化されたメッセージ：
7ba6e002e2d8da317207e4531f264af38f4bef27e005b15b0d9
6e4b0d15c497cbe872fa4531d9b184b33d2b335ce635b002f16
（省略）
0e1bbaa3c9dcee79f5e9fe090d75ff35

　暗号化されたメッセージは，ctext という変数に入っています．復号にはこの変数をそのまま使いますが，実際には何らかの方法で受信者に送る必要があります．

【ステップ4】秘密鍵を使った復号（受信者）

　ctext を受信した受信者は，ステップ1で作成した自身の秘密鍵を使って復号することができます．

In [4]:
```python
def decrypt_rsa(prikey, ctext):
    decipher_rsa = PKCS1_OAEP.new(prikey)
    msg = decipher_rsa.decrypt(ctext).decode("utf-8")
    return msg

decrypt_rsa(private_key, ciphertext)
```

Out[4]: 'こんにちは'

　元のメッセージが正しく表示されることが確認できました．

あとがき ──終わりのない物語のはじまり──

　本書では，情報セキュリティに関する基本的な考え方を説明しました．

　「まえがき」で触れたように，情報分野は日々進歩しており，終わりはありません．新しい光である情報技術や情報システムが登場するたびに，その影に相当するシステムの弱点や脆弱性を攻撃する手法も登場することとなります．現代に生きる私たちは，情報技術の光と影と付き合いながら暮らしていく必要があります．

　本書は情報セキュリティの世界の入り口にしか過ぎません．日々変化する状況に応じて情報技術を使いこなすとともに，うまく影を避けることが必要です．

　日常生活の注意点については，理解するだけでなく実践が必要です．本書の内容を参考に，安心安全な情報セキュリティ的社会生活をおくられることを望み，本書を終わりたいと思います．

　本書の執筆にあたり，内容に関する助言及び原稿の確認をして頂いた室蘭工業大学の早坂成人さん，小川祐紀雄さんに感謝いたします．

演習問題解答例

第1章

1.1　(1) ○　(2) ○　(3) ×　(4) ○　(5) ×　(6) ×

1.2　(1) ×　(2) ○　(3) ×　(4) ×　(5) ○　(6) ○　(7) ○　(8) ×

1.3　(1) ×　(2) ○　(3) ○　(4) ○　(5) ○　(6) ○

1.4　(1) ×　(2) ×　(3) ○　(4) ○

1.5　(1) ×　(2) ○　(3) ○　(4) ×　(5) ×　(6) ×

1.6　(1) ○　(2) ×　(3) ○　(4) ×

1.7　(1) ×　(2) ×　(3) ×　(4) ×

第2章

2.1　(1) ×　(2) ○　(3) ○　(4) ○　(5) ×

2.2　(1) ○　(2) ×　(3) ×　(4) ×　(5) ○

2.3　(1) ○　(2) ○　(3) ×　(4) ×　(5) ○

2.4　(1) ○　(2) ×　(3) ×　(4) ○　(5) ○

第3章

3.1　(1) ○　(2) ×　(3) ×　(4) ○　(5) ○

3.2　(1) ○　(2) ○　(3) ○　(4) ×　(5) ○

3.3　(1) ○　(2) ×　(3) ×　(4) ○　(5) ○　(6) ○

3.4　(1) ○　(2) ×　(3) ×　(4) ○　(5) ○　(6) ○

第4章

4.1　(1) ○　(2) ×　(3) ×　(4) ○　(5) ○

4.2　(1) ×　(2) ○　(3) ×　(4) ○　(5) ×

4.3　(1) ○　(2) ○　(3) ×　(4) ○　(5) ○

4.4　(1) ×　(2) ○　(3) ○　(4) ○　(5) ○　(6) ○

4.5　(1) ×　(2) ○　(3) ○　(4) ×　(5) ×　(6) ○

4.6　(1) ×　(2) ○　(3) ○　(4) ×　(5) ×　(6) ○

4.7　(1) ×　(2) ×　(3) ○　(4) ○　(5) ×

4.8　(1) ×　(2) ○　(3) ○　(4) ○　(5) ×　(6) ○

第5章

5.1　(1) ○　(2) ×　(3) ×　(4) ×

5.2　(1) ○　(2) ×　(3) ×　(4) ×　(5) ○　(6) ×　(7) ×

5.3　(1) ×　(2) ×　(3) ○　(4) ×　(5) ○　(6) ×

参 考 文 献

[1] 独立行政法人情報処理推進機構『情報セキュリティ白書2023』 進む技術と未知の世界：新時代の脅威に備えよ (独立行政法人情報処理推進機構，2023)

[2] 独立行政法人情報処理推進機構『情報セキュリティ読本 六訂版 —IT 時代の危機管理入門』 (独立行政法人情報処理推進機構，2022)

[3] 齋藤ウィリアム浩幸『超初心者のためのサイバーセキュリティ入門』 (文春新書，2016)

[4] みやもとくにお・大久保隆夫『イラスト図解式　この一冊で全部わかるセキュリティの基本』 (SB クリエイティブ，2017)

[5] 中村行宏ほか『【イラスト図解満載】情報セキュリティの基礎知識』 (技術評論社，2017)

[6] JIS Q 27001:2023，情報セキュリティ，サイバーセキュリティ及びプライバシー保護−情報セキュリティマネジメントシステム−要求事項

[7] 桑田喜隆・小川由紀雄・早坂成人・石坂徹『Jypyter Notebook で始めるプログラミング［増補版］』 (学術図書出版社，2023)

索　引

著 者

桑田　喜隆 (くわた　よしたか)

1986 年群馬大学電子工学科修了．その後，NTT データで人工知能，グループウエア，GIS，ロボカップレスキュー，分散処理システムなどの研究開発に従事．2014 年より室蘭工業大学で情報教育を担当．クラウドコンピューティングの研究を実施中．

情報教育センター　教授　センター長　博士 (工学)

執筆担当：第 1 章～第 4 章

石坂　徹 (いしざか　とおる)

1997 年室蘭工業大学博士後期課程生産情報システム工学専攻単位取得退学．同年，室蘭工業大学大学工学部附属情報メディア教育センター助手．室蘭工業大学で情報基礎教育を担当．システム連携，クラウドコンピューティングの研究に従事．

情報教育センター　助教　修士

執筆担当：第 5 章

監修者

中野　光義 (なかの　みつよし)

大手金融機関で ISO (各種マネジメントシステム含む) などの調査分析，運用に携わる．その後 2002 年に「市民と企業の共存・共栄が可能な社会の実現」を目指し，企業の社会的責任を推進することを目的に，株式会社サン・パートナーズを設立，代表取締役社長に就任．

2010 年から国立大学法人静岡大学 客員教授に着任．その他，日本ソーシャルデータサイエンス学会 副会長，NPO 法人 日本マネジメントシステム協会 会長等を務める．

監修担当：全章

セはセキュリティのセ ―情報セキュリティ入門―

2022 年 3 月 30 日	第 1 版	第 1 刷	発行
2023 年 3 月 30 日	第 2 版	第 1 刷	発行
2024 年 3 月 10 日	第 3 版	第 1 刷	印刷
2024 年 3 月 30 日	第 3 版	第 1 刷	発行

著　者　　桑 田 喜 隆
　　　　　石 坂　徹
監 修 者　　中 野 光 義
発 行 者　　発 田 和 子
発 行 所　　株式会社　学術図書出版社

〒113−0033　　東京都文京区本郷 5 丁目 4 の 6
TEL 03−3811−0889　　振替　00110−4−28454
印刷　三和印刷（株）

定価はカバーに表示してあります.

ISBN978−4−7806−1239−4　　C3004